# 超現實夢境
## 顛覆你所認知的常理

Surreal Dream : Throw Over All The Logic

i-smart

智學堂

智慧是學習的殿堂

國家圖書館出版品預行編目資料

超現實夢境：顛覆你所認知的常理 / 李長博編著.
-- 初版.-- 新北市：智學堂文化，
民103.12　面；　公分. -- (不求人系列；15)
ISBN 978-986-5819-59-0(平裝)
1.夢 2.解夢
175.1　　　　　　　　103021576

不求人系列：15

## 超現實夢境：顛覆你所認知的常理

編　著 ── 李長博
出 版 者 ── 智學堂文化事業有限公司
執行編輯 ── 林于婷
美術編輯 ── 蕭佩玲
地　　址 ── 22103　新北市汐止區大同路三段一百九十四號九樓之一
　　　　　　TEL　（02）8647-3663
　　　　　　FAX　（02）8647-3660

總 經 銷 ── 永續圖書有限公司
劃撥帳號 ── 18669219
出 版 日 ── 2014年12月

法律顧問 ── 方圓法律事務所　涂成樞律師
CVS 代理 ── 美璟文化有限公司
　　　　　　TEL　（02）27239968
　　　　　　FAX　（02）27239668

# Chapter1
# 如何解釋夢

# Chapter2
# 解夢的常用技巧

Surreal Dream : Throw Over All The Logic

# Chapter3
# 催眠的幫助

## Chapter4
# 關於感覺、視覺的夢

超現實夢境
顛覆你所認知的常理
Surreal **Dream** : Throw Over All The Logic

## Chapter5
# 關於自然現象的夢

## Chapter6
# 關於宗教、鬼神的夢

## Chapter1
# 如何解釋夢
SURREAL DREAM: THROW OVER ALL THE LOGIC

# 夢是如何驅動的

　　有很多人會有疑問，為什麼我的夢境中會有一些事情跟日常生活中的一樣，但是一些事情卻沒有在夢中出現？

　　這是因為大腦在釋放的過程中是有選擇的，就像遺傳一樣，也許一個孩子的父母親都是雙眼皮，但是孩子卻是單眼皮，這是為什麼？不是遺傳的過程出了錯，而是單眼皮的基因是隱性的，父母親各自攜帶一個，但是卻全部遺傳給了小孩，所以負負得正，兩個隱性的就變成了顯性，小孩子就成了單眼皮。

　　夢也一樣，有顯性和隱性的區別，你夢到的內容可能跟白天發生的事情不一樣，或者是跟白天發生的事情比起來不完全一樣，這並不代表你的大腦在釋放的過程中出了什麼樣的錯誤，而是一些夢對一些事情隱喻的表達，這樣的夢就是隱性的。例如，你非常討厭一個人，有一天你突然夢見他死了，這樣的夢就是隱性的，因為現實中並沒有發生這樣的事情，但因為你很討厭他，希望他不要出現，所以夢中的他就死了。

　　大腦就像一台電腦一樣，要不斷進行資料接收、輸出，

這看似簡單的過程中，其實還有很多的背景操作是我們看不見的，這一點也同樣能夠影響我們的夢境。

比如說對夢的壓縮，這一點很容易理解，舉個簡單的例子來說，一個人做了一個夢，夢見了自己的成長過程，但三歲以前和二十六歲以後的部分很清晰，中間的部分卻很模糊，甚至難以回憶起來，這就是大腦對這一部分的內容進行了壓縮性的釋放。這樣既節省了大腦內的空間，也使得整個夢沒有冗長到讓人難以接受。同樣，夢境中也有很多顯性的資訊，這樣的夢我們稱之為「顯夢」。

顯夢表達的內容比較直白，醒來之後回憶起來不會讓人摸不著頭緒。基本上都是生活中發生過、經歷過的一些事物或者情緒。有了顯夢和隱夢的概念後再來分析夢，就不會有那麼多的不合適了。要注意到一些初看起來跟自己的生活或者經歷及情緒毫無關係的情節，加以推敲、擴展和想像，就不難找到這個場景的成因。

除此之外，夢還有很多的象徵性和借用性，比如對於女性生殖器的象徵就有很多，荷花、飯碗等；還有借用性，大家多少都有過這樣的經歷，同一個夢中出現了不同圈子的人，大家聚在一起有說有笑，或者是同一個夢的場景裡出現了不同地方的標誌性建築，這就是夢的轉移性，會把我們在不同的地方，不同的場合遇見的事情，擺在一起釋放出來。

　　瞭解了夢的運作後，我們可能會對一些曾經困擾自己很久的夢做出一些解釋，明白了很多關於夢的理論，但是依然對夢充滿了濃厚的興趣。

　　這就是夢吸引我們的地方，不是在於它的隱性居多還是顯性居多，也不是在於它有多麼深奧的象徵性，而是在於它永遠會帶給我們一些意想不到的東西，讓我們無法捉摸，似乎永遠有一些我們得不到答案的謎題，這才是我們真正對它感興趣的原因。

# 有哪些與夢相關的活動

　　伴隨著做夢，常出現幾種相關的狀況，如夢遊、夢話、夜驚和夢魘，這些都是發生當事人做夢的前提下的一些狀況。

　　夢遊是當事人在睡夢中自己下床行動，然後又若無其事的回到床上繼續睡眠的一種情況；而夢話，則是當事人在睡眠中說出或者喊出一些話語，有的清楚有的甚至沒有辦法辨別是哪一種語言；夜驚和夢魘都是發生在兒童時期，夜驚多發生在睡眠開始後的一個小時左右，當事人好像突然受到驚嚇一樣，會發抖、尖叫、甚至會直直地坐起來，但是這一系列的動作都是發生在深層睡眠當中，不會醒來。夢魘的狀態跟夜驚相似，只是夢魘多發生在黎明前。

　　這四種狀況中最難以解釋的就是夢遊，因為科學研究發現，夢遊與夢的內容根本無關。夢遊狀態下，人的腦波圖所顯示的結果證明，這一狀態下的人正處在深度睡眠中。但是深度睡眠中的人怎麼會起身下床到處走動呢？而且夢遊中的人在走動的時候會自覺地避開障礙物，基本上不會傷害到自己，這一點就難以解釋。

　　這一狀態一般只是出現在兒童時期，並且不算什麼大狀

況，一般只要長大了就自然不會夢遊了，也有很多人就根本沒有出現過夢遊的狀況，所以家長們不用擔心。

夢話的情況就更輕一點，有的專家認為夢話跟夢境沒有關係，但是二者並不是一點關係都沒有的。有的時候夢話只是大腦分泌物向外釋放的一種較為強烈的表現，並不一定意味著就是夢裡所說的話。但是有的時候，夢話的確是夢中的場景太過強烈，場景中的主人公所說的話就真的在夢境外說了出來，這也是會發生的，所以不能說夢話跟夢境一點關係都沒有。

夜驚跟夢遊一樣，多發生在孩子小的時候，做家長的大可不必很擔心，這種狀況會隨著年齡的增長而逐漸消逝。

這幾種情況中比叫讓人擔心的是夢魘，因為夢魘中的兒童雖然也是處於深睡眠狀態下，但是清醒過來的他們可以回憶起夢中的場景，也就是說，夢魘的確是因為做了可怕的夢才發生的情況。夢是白天的刺激產生的分泌物在夜晚時候的釋放，那麼，小孩子白天一定是遇上了讓他們害怕、恐慌、緊張的事情完事才會夢魘。如果夢魘的狀況持續了一段時間仍得不到改善，這是家長們就要注意觀察小孩子白天的生活了，找出問題的癥結所在，及早解決，才能讓小孩子茁壯的成長。

# 夢需要解釋嗎

　　有一個人曾做過這樣一個夢。在夢中，他夢見自己在城市的上空飛，後面有人在驅趕他，從高處可以看到下面的街道和房屋，房屋裡有一個看不清臉的女人。這時他看到地上有許多人爭奪綠寶石，他也想去搶，可是那些人正是驅趕他的人，很凶，他不敢過去。於是就停留到高高的山上，他發現腳下很涼，原來這個山是一座冰山，在夢中，這座山居然有名字，叫孔雀山。他在上面撿了幾塊冰，有白的、有紅的、有綠的。後來他驚奇地發現，冰是寶石；白的是鑽石；紅的是紅寶石；綠的是綠寶石；而別人搶的寶石只不過是糖塊。

　　這樣一個神話一般的夢境將如何解釋呢？寶石和飛是這個夢的主題。寶石往往代表某種珍貴的事物或代表財富，飛有許多意義，比如自由、成長、渴望成功等。

　　在夢中繞著街道和房屋飛，能夠看到別人的屋子，並且屋子裡出現了一個女人。這表示做夢者現在正在努力為生存而忙碌著，房子和女人都是現實中他所關心的事物。夢透過直白的方式告訴了他，他所渴望的成功就是擁有財富。但是

他又在這裡感到了壓力和失敗感。因為他的飛是因為有人驅趕他，他的飛翔時迫不得已的飛翔，並不是主動的，可以看出他內心軟弱的一面，他在逃避。

這時他看到地上有許多人爭奪寶石，他也想去搶，可是卻不敢。這正好印證了他的猶豫，可能有一個很好的機會等待著他，他正在考慮要不要去做。後來他飛到高高的冰山上，這山叫孔雀山，他在上面撿了幾塊冰，有白的、有紅的、有綠的。高山是夢境在提醒他，要站在高處看這件事情，山上沒有世俗的東西，而只有純潔的冰，再後來他驚奇地發現，冰是寶石，白的是鑽石，紅的是紅寶石，綠的是綠寶石，而別人搶的寶石只不過是糖塊。說明夢在提醒他不要有貪欲，所有的誘惑無非是一些微不足道的「糖衣炮彈」，夢境也在告訴他，機遇就在別人沒有看見的地方。懂得放棄一些事情，才可以得到想要的東西。

人一生中，需要作出太多選擇，無論是在愛情、婚姻上，還是在工作、事業上，不同的選擇導致命運的迥異。錯誤的選擇會讓人走盡彎路，辛苦一生卻一無所獲，或走入歧途，釀成人生悲劇；量力而行，睿智選擇，才會讓人一帆風順，成就完美人生。

同樣，人一生中需要放棄的太多，放棄不能承受之重，放棄心靈桎梏，該放棄時就要放棄，放棄是一種超越，一種

生存智慧。

　　不懂放棄常使人背負沉重壓力，長期被痛苦困擾；懂得放棄讓你避免許多挫折，生活更順利。能對選擇和放棄的內涵、原則和方法做全面而深刻的詮釋，在紛繁複雜的社會現實中保持清醒的頭腦，更直觀、更理性地認識自己，認識社會，在漫長的人生旅程中正確選擇，適時放棄，走好人生每一步棋，把握好自己的命運，早日實現成功。這樣的夢，還是多做一些比較好。

# 夢完全是黑白色的嗎

　　大多數的夢是黑白的，彩色的夢只占少數。如果你仔細地搜索自己的夢境，大半能想起一二個彩色夢吧！有的夢只有一種彩色出現，也就是說單彩的夢。也有多種彩色出現，夢境中五顏六色。黑白色的夢和彩色的夢就好像是在看黑白電視和彩色電視一樣。不同的是，你很容易就可以把黑白電視機換成彩色電視機。但是，如果你想將黑白色的夢中添加多種色彩，恐怕就不那麼容易了。有很多人都沒有做過彩色的夢，比如一些六七十歲的老人不相信夢是彩色的這一說法，因為他們自己的夢境中從來沒有出現過色彩，這幾十年的夢境，一直都是在黑白灰的世界中邀遊。這種從來不做彩色夢的人往往偏於理性化，情感較不豐富。

　　只有潛意識願意而且認為有必要加彩色時，他才會加顏色。夢中如同出現了顏色，那它必定有意義。

　　例如，夢中出現一個面目不清的人物，你注意的到的只是她的衣服顏色。她是誰？請從她的衣服顏色上找線索，誰最愛穿這種顏色的衣服！你昨天人睡前看到誰穿了這種顏色的衣服？比如她是不是姓洪、姓藍、姓黃？這種衣服顏色和

誰的名字諧音？夢中的動物有顏色，你也要找出其原因。也許這動物代表一個人，那麼萬物顏色也就相當於人的衣服顏色。有個男孩夢見二隻貓，一個黑貓，一個紅貓。他很奇怪：貓為什麼會有紅色的？這其實很好解答，男孩的思想裡正在對某件紅色的事物感興趣，也許他的老師是不是總喜歡穿紅色的衣服站在講臺上講課，再或者是他自己渴望一件紅色的毛衣。如果動物不代表人，只代表一種特性，那顏色也是一種補充說明。

下面講講夢中出現的全彩色，特別是五彩繽紛的情景。

有一個北京音樂學院的女孩曾夢見在花園，花樹繽紛，鮮豔奪目。在秋天上山去玩，看到山上紅葉、黃葉和綠葉雜呈，而且紅有濃淡不同，黃也有不同的黃，有銀杏那樣黃金一樣的黃，也有楊樹葉枯後的那種暗黃，十分美麗。

這種夢往往是快樂的象徵，幸福美好的象徵。每種具體的顏色不一定有意義了，潛意識已經不那麼認真了，他在歡樂中不怕浪費顏色了。他把彩色都染上只為了表達歡樂。一個人如果經常做這種夢，說明他生活的很幸福。

天堂是彩色的，人間就平淡些了，而地獄，誰能想像五彩繽紛的地獄？由於光線少，地獄總歸是沒有什麼明顯顏色的，就算有地獄之火，那也是暗紅。當一個人的生活充滿幸福的時候，比如一個女孩初戀時，她的夢就會全彩。因為愛

情和幸福都是有顏色的，而且是你最喜歡的那種顏色。夢中的紅色象徵熱情或美滿的生活。

　　就是黑白這二色，在夢中有時也有意義。如果你發現你特別注意到了黑白，那它們也在告訴你一些東西。黑色代表未知，夢中一隻黑狗在追你，那表示你還不知道是什麼事違背了你自己的價值觀。夢中一個黑衣女子與你相愛，表示你還不知道誰會愛你，或說還沒有遇見和你相愛的人；白色表示已知，所謂已「真相大白」，在你對一件事疑惑很久後，夢見白色的某物某人，請趕快分析它象徵誰和什麼，那就是你要的答案。

　　黑色還表示恨，邪惡。一個人在夢中見到黑貓，經分析黑貓是她自己。這時，她正有著嚴重的心理問題。經過心理治療，她心境越來越好，夢中的貓也從黑變成黑白相間的了。白色表示善良，天真、和平、幸福、快樂。白色代表純潔，也就是所謂白璧無瑕。

　　不過對於夢境的解析，還是要和現實聯繫在一起，比如在西方人的眼中，天使都是穿著白衣服的。但在東方人的夢裡它與死亡、哀悼有關。

　　再如，有個小孩說，他常夢見可怕的白衣女鬼。原因是這個小孩因病住院，讓護士打針打怕了，白衣女鬼無非是護士化身。如果一個人被懷疑做了壞事，於是在夢中他夢見自

己穿了一身潔白的運動服，結果讓別人濺了許多泥水。這種白色又表示著清白和無辜。

我們可以再舉一些顏色，夢中出現有顏色的事物也都有意義，具體意義是什麼，要具體分析。有些時候其意義是偶然的。例如昨天剛好看了一張海報是藍色的，其它幾張有紅的、有白的，而夢者只對藍紙寫的海報的內容有興趣，晚上他夢見一張藍色請束。藍色有時象徵或集體潛意識。可能這個夢是要求你立足來自心理深層的直覺。若是天空的藍色，它代表意識的力量。深藍與抑鬱相關。藍衣服象徵陽性。

國外一位心理學家發現：女性夢見威脅她的男性有時會穿的是藍色，深藍或海藍，這樣的夢表明她想和自己的阿尼姆斯（女性心中的男性意象）相接觸。與內心的阿尼姆斯建立良好關係也有助於與真實的男性建立良好關係。也許，檢討一下她與父親的關係有助於瞭解她對男人和男性的消極態度。藍色的海可以象徵潛意識或任性。持神祕觀點者，將藍色看成是原始能量的象徵，因為在神話裡，原始海洋是一切其他東西的發源地。

有些時候顏色的意義和這一顏色所代表的情感和象徵意義有關。例如紅色代表熱烈、激情、受傷、危險等，藍色代表平靜、安寧、博大或憂鬱。紫色代表矛盾、衝突、誘惑等。很特別的是黃色，除了顏色本身的意義外，它常代表

性。某人夢見街上貼了不少廣告，都是黃紙的，廣告上內容看不清，但都寫著他的名字。這個夢顯然和他對自己的評價有關，他認為別人都會知道他很好色。例如夢見蛇，是黃色的。這種補充說明一個纏繞著他的危險是來源於「黃色的」事物的，例如色情書刊。而多數的時候，夢見黃色可以象徵膽怯、意識或智力，如果是金黃的話，象徵好事和生活改善，或者暗示人的真實自我。

# 夢的積極影響

科學家經過研究認為，夢對人的身心健康有多方面的調節作用。

### 一、保護睡眠

有研究表明，多夢有益於延長壽命。他們發現，人腦中存在著兩類相反的促眠肽，一類是促無夢睡眠，另一類是促有夢睡眠。研究人員成功地分離出促有夢睡眠肽，將它施之於動物，使其睡眠的有夢期延長，結果受驗的動物大多壽命延長，這說明夢能保護睡眠，只有睡眠品質提高，才能保證身體健康、長壽。

夢是一種人在睡眠時的精神活動，它與夢息息相關。

研究人員在睡眠實驗室裡曾做過這樣一個實驗，被測試者能夠在大噪音中繼續沉睡的時候，他們幾乎全是把噪音的內容編入自己做夢的情節裡。噪音變成了夢者劇情中的一個部分，這樣夢者就可以安然入睡了。

夢者在夢中不斷地調整著自己，使外界的刺激變成夢境中的具體情節。在夢中夢者所受到的刺激得到回應，於是人得以繼續睡覺。佛洛伊德認為：夢不僅可以使我們的精神得

到舒緩，還可以促進我們的睡眠。

　　佛洛伊德假設人在睡眠時常常會受到一些刺激，比如說冷了想穿衣服，肚子餓了找食物等。這些刺激如果在夢境中得以實現，那麼人的睡眠就會持續下去。所以，我們的夢是利用夢境來化解外界的刺激，用以保證我們的睡眠不受干擾。

　　佛洛伊德認為，夢正是睡眠的「看守人」與「監護人」，才得以使睡眠中的刺激因素得到消除，保證了睡眠的繼續進行。在實際生活中，這樣的例子也是屢見不鮮的。做了美夢，睡眠品質高而且精神也會很愉悅，這也是不少人的實際感受。

### 二、平衡心理

　　佛洛伊德認為，夢的調節心理平衡作用，在於滿足意識或潛意識的願望，這就可以在一定程度上，緩解了由於願望未能實現而帶來的心理壓力。

　　榮格認為，夢的心理意義在於補償。透過夢，潛意識可以補充意識活動的不足與缺陷，使精神活動更為完整和充實，使整個心理功能趨於穩定。人們可以透過自己的夢，從中獲取必要的收益，這樣做的夢有益於精神健康，利於心理的和諧。有了這些研究成果，我們就可以說，夢對於調節心理平衡以及維持身心健康都具有重要的作用。

在對夢的研究過程中，有些實驗也證實了夢調節心理平衡的作用。例如有人用一個規定的圖畫，並附有故事的開頭，讓受試者運用想像編造故事的結局。實驗結果發現，如果受試者是在清醒狀態下編造故事，那麼多數的故事都會有一個愉快的結局，而經過有夢睡眠後，多數人編造的結局都不滿意。這說明人在有夢睡眠後，會從不好的角度看問題，使自己的心理適應更為複雜的生活環境。

夢的心理調節作用有宏觀和微觀兩個方面。在宏觀方面，夢主要是維護精神系統本身的張弛的節律。在微觀方面，夢主要是促進精神系統各種心理因素的平衡。

換句話說，夢在兩個方面對心理進行調節，一方面是覺醒時緊張的心理活動，經過夢中的鬆弛與舒緩，可以使其在夢中得到恢復，保證了第二天重新開始的緊張心理活動。如果這種緊張的心理活動不經過夢的修復，要不了多久，就會導致人的心理崩潰。另一方面是覺醒時的某些欲望不能實現，人們會因此而苦惱、擔憂，夢有時能使這些欲望在夢中得到滿足，一定程度上促進了心理平衡。

夢的平衡心理功能，對於人的身心健康有非常重要的作用，因為人體的健康除了指身體沒有先天缺陷和病患，還要有健康的心理和足夠的社會適應能力。因此，夢的心理調節作用是很重要的。

### 三、促進發明

古今中外，有不少的發明創造、文藝創作等是受夢的啟迪或是在夢中直接得到的。研究人員認為，做夢是將新獲得的情報資訊與遺傳下來的本能結合起來，把豐富的經驗留存在記憶當中。有不少實例都表明，夢說明很多科學家解決了懸而未決的難題。其實，這要歸功於右腦的功能，許多研究表明：右腦是祖先腦，我們祖先的優良傳統與智慧都會透過右腦傳承下來，而且右腦是無意識腦，也是節能腦與行動腦，更為神奇的是右腦還是創造之魂，因為右腦的祖傳因數、十萬倍於左腦的資訊以及迅速高效的資訊處理方式，使它具備了卓絕的創造天性。

愛迪生說過：「我一輩子都夢見自己在發明。」牛頓也經常在夢中有所發現。德國著名化學家凱庫勒，長期試圖為苯分子找出一個科學的結構式，後來夢見六條蛇首尾相接的圖景，醒後解決了苯的分子結構是環形的。美國研究硫化橡膠的科學家查理斯・古德伊爾，研究多年沒有結果，一九三九年，他在夢中有人直接告訴他不妨加上硫黃試試看，於是他獲得了成功，發現了橡膠的硫化作用，並解決了橡膠老化的科學難題。諸如此類的例子舉不勝舉。

### 四、增強記憶

長期以來，多數人認為做夢會不利於人的記憶，但近年

來對睡眠的實驗研究表明，做夢能增強記憶。巴克曾經做過這樣一個實驗：他先讓受試者在實驗室睡眠五小時，於清晨四時三十分喚醒起床，讓其觀看一組線條畫卡片，觀看兩遍後，要求他們憑記憶寫出看見過的東西。然後讓受試者上床再睡兩小時，繼續回憶看過的東西。結果，凡是在最後的兩小時睡眠中有夢的快速動眼期睡眠佔有相當比例的受試者，均沒出現記憶下降，甚至還有所增強，他們能夠回憶出比兩小時以前更多的卡片。而最後兩小時睡眠為非快速動眼睡眠者，沒有做夢，記憶力均下降，他們能夠回憶出的卡片數目比兩小時以前減少了。另外一組最後兩小時未睡覺者，記憶力也較之前下降了。

一些科學家為了把夢和記憶的關係搞得更清楚，他們就透過對睡夢中的人的大腦進行掃描，發現一個人在清醒的時候來學習新東西的大腦部分在他睡眠時仍然繼續緊張地處理外來資訊。

### 五、預示未來

占卜者一向認為，夢是吉凶禍福的先兆。遠古的人之所以迷信，主要在於他們把這種先兆看做是神靈或鬼怪的象徵。

中國古代有些學者並不迷信占夢，但是他們仍然認為，一些夢是可以預測未來的。當代的科學家們，透過超心理學及心靈感應等現代研究方法，雖然發現了這種神祕體驗的客

觀性，但也未認同這種迷信的論調，而是用科學的方法進一步地論證這種神祕體驗科學觀。其實，一些科學事實就能告訴我們，這種神祕體驗的客觀存在性與事實性。因為，凡是大自然的變異，如地震、天災等，當它們處於最初階段時，就會對人體產生一定的刺激，這種刺激在某些人的睡眠中即可形之於夢，見夢之後不久便會發生。

我們可以透過一些事實，來認識一下夢的預感功能這種神祕的體驗。榮格在第一次世界大戰不久，就透過對德國病人做的夢的深層分析，預言「金髮野獸」隨時有可能沖出地下因牢，給整個世界帶來災難性的後果。在希特勒崛起之前若干年，榮格就已作出了這一預言。

在鄧恩所著的《時間試驗》一書中，他認為時間有相互垂直的多維分支，任何人的知覺，不僅可以接觸現在，也可接觸過去和未來，因此產生了預言性夢，是可以信賴的。但是，由於夢預言的事實，在實際生活中常常發生在一段時間以後，所做的夢，有一些可能被遺忘了，這一事實，卻很少被人們注意。

# 阿拉伯的神話來自夢境嗎

每一個民族的夢，或者廣義上的夢如神話、傳說等，都有這個民族的特點，這個特點和這個民族的性格有關，和他們的生活方式有關。很有趣的是，有些時候，一個民族的「夢」，甚至似乎和他們的未來有關。

比如阿拉伯人的夢就是這樣。我們沒有辦法找幾個阿拉伯人來，給他們解夢，所以在這裡所講的是阿拉伯人的故事，阿拉伯人的文化之夢。

在阿拉伯故事裡，我們經常發現一個常見的主題，就是「發橫財」。

我們最熟悉的「阿里巴巴和四十大盜」的故事、「阿拉丁和神燈」的故事都是這樣的故事。

阿里巴巴和阿拉丁都不是靠自己致富，而是靠從外人那裡得到了意外的財富而變成富有。

特別是阿拉丁的故事，簡直是阿拉伯人後來的命運的絕妙的寫照。

阿拉丁是一個天真、頑皮並不勤勞的孩子。有一次，一個外國的魔術師來到這裡，這個魔術師知道在這裡的地下有

一個寶庫，裡面有許多珍寶，其中最重要的珍寶是一盞神燈。魔術師可以用魔法打開地下寶庫的門，但是，魔術師自己不能進去，要讓阿拉丁為他取寶。

魔術師用魔法打開了門，阿拉丁走進地下寶庫，發現裡面滿是寶物。樹上有黃金、白銀還有鑽石。但是阿拉丁只拿了最珍貴的寶物———盞舊的油燈。這就是所謂「阿拉丁神燈」，有了這盞燈，他就可以要什麼有什麼。他只需要擦一下神燈，就會出現一個魔神，他想要什麼，只要和這個魔神說一聲就行。誰是神燈的主人，魔神就為誰服務。

阿拉伯人在以後果然遇到了魔術師——科學家。在原始的象徵中，科學家就是魔術師。在中東文化中，魔術師不是那種在舞臺上、演一些假的戲法的人，而是真有法術，可以用魔力呼風喚雨的人，科學家就像這種魔術師。馬克思也曾經把科學比為魔術。因為，科學家以一種在較原始的人看來神祕的法術，應用一些神奇的器具，真的可以實現一些奇蹟。他們可以用一隻鑰匙，就讓一個鐵做的，名叫汽車的小房子跑起來，還可以借助飛毯似的東西飛上天空，可以移山填海，而最特別的是：可以打開大地的門，而科學家的確為阿拉伯打開了大地的門，也就是說，在大地上鑽井。

在地下寶庫中，最珍貴的寶物是油燈——我們很容易聯想到油、石油。這就是魔法師（科學家）給阿拉丁帶來的寶

物——油井。有了油井這盞神燈，阿拉丁（阿拉伯人）就想要什麼有什麼。

在故事裡，阿拉丁和給他帶來機遇的魔法師並不友好。

魔法師希望阿拉丁滿足於得到金銀，把神燈讓給魔法師。但是阿拉丁當然不願意，他認為魔法師只是在利用自己，因此對魔法師也沒有好感。一直到現在，波灣戰爭等一系列衝突也許仍可以說成是：阿拉丁和魔法師繼續在爭奪神燈。那麼，阿拉丁用神燈主要做了一些什麼呢？故事裡說：

阿拉丁愛上了一位公主。國王當然不願意把女兒嫁給一個窮小子，於是他要阿拉丁蓋起一座宮殿，否則不能娶她的女兒。而有了神燈，蓋這個宮殿還不容易？於是，國王驚訝地發現，一天之後，在原本是一無所有的荒漠上，蓋起了一座金碧輝煌的宮殿。

如果你有機會到阿拉伯國家，見到了極為豪華的大廈，你要知道，那就是阿拉丁的宮殿，是神燈為他建立的宮殿。

阿拉丁的故事彷彿是一個預言，而這個預言今天完全實現了。

我們似乎可以說，阿拉伯人的集體潛意識，或說深層的直覺，早已感覺到在這片荒漠的地下有一個和油有關的寶庫，一旦有「外國魔法師」來，就可以為自己帶來無窮無盡的財富了。

# 文學藝術的軌跡
# 為何會在夢中交會

從現實的文學創作中可以發現，夢已經成為不同文學創作軌跡的交會點，一部文學發展史中有著大量的有關夢的文學創作。同一時代、以同一文體為主進行創作而風格迥異的作家，雖然創作的差異十分明顯，但在描述夢這一點卻能夠形成一個共同的交會點。夢作為人生體驗的一種特殊的表現形式，在本源上與文學創作是同一的。這種特殊的心理現象與文學創作在想像上有共通之處。

據《異夢錄》所載，唐憲宗元和年間，沈亞之前往邠地，出長安城，寄宿在橐泉邸舍。入夜，沈亞之夢見秦穆公對他說：「寡人有愛女，與大夫備酒席。」一年之後，公主忽卒，穆公為之追傷不已，讓沈亞之為她作墓誌銘。後來醒來，沈亞之還依稀記得所作銘文為：「白楊風哭兮，石甃髯莎，雜英滿地兮，春色煙如；朱愁粉瘦兮，不主綺羅，深深埋玉兮，其恨如何？」文辭之美，頗可觀賞，足見夢中思維是如何的恍惚縹緲。

北宋大文豪蘇東坡在其創作過程中，與夢結下了不解之緣，是歷史記載中利用夢創作散文、詩、詞最多的文學家。

其中廣為流傳的便是他根據夢境所作的一首名垂千古的佳詞《江城子·乙卯正月二十日夜記夢》。

宋神宗熙寧八年的一個晚上，東坡做了回鄉與亡妻王弗軒窗幽會的夢。夢中，蘇軾風塵僕僕，回到家裡，只見年輕貌美、風姿綽約的王弗正在臨窗梳妝。彼此十年不見，生死相隔，乍見之下，百感交集，千言萬語，一時無從說起，只是兩情脈脈，默然相對，淚流滿面。

夢醒，蘇軾感觸萬端，提筆記曰：「十年生死兩茫茫，不思量，自難忘。千里孤墳，無處話淒涼。縱使相逢應不識，塵滿面，鬢如霜。夜來幽夢忽還鄉，小軒窗，正梳妝。相顧無言唯有淚千行，料得年年斷腸處，明月夜，短松岡。」其實，這是蘇軾潛意識一直壓抑的對亡妻的思念之情，潛意識在夢中顯露，情到深處激起了蘇軾的創作靈感。

近代美國作家羅伯特·史蒂文生在回憶他創作《吉基爾博士和海德先生的相遇》時，說是夢中人物幫了他大忙。這篇小說他構思良久，但尚未動筆。後因經濟拮据，急需寫書來賺錢，結果坐了兩天，筆端仍十分滯澀。不料夜間睡夢中這故事的情節完全展開，吉基爾博士和海德先生是同一個人，在不同時間裡以兩種身份行事，當他是吉基爾博士時，對於海德先生的行事一無所知；當他是海德先生時，對吉基爾博士的所作所為也完全不曉。故事裡的人物性格的轉換寫

得極為生動，以致心理學界都把吉基爾博士和海德先生引為雙重人格的典型範例。這實際是作家潛意識的「雙重心理」在夢中的表露，夢抒發了作家一直潛抑的情感，也為作家的創作提供了絕妙的素材。

許多作品的題材都源於夢中，更有許多作品本身就是對夢的解釋。亨利・詹姆斯的《快樂的科納》就是依據他十三歲時做的一場噩夢創作的。他描述道：「這是我生平最駭人聽聞，也是最美妙的噩夢。」在這個夢和那篇小說中，一個人與追逐他的一個幽靈進行了一場驚心動魄的搏鬥。他還在其最著名的小說《螺絲在擰緊》中表現了隨噩夢而產生的一種不確定的實在感。這部小說的讀者一直不清楚那位女教師是不是陷入了幻覺，她遇到的人是真人還是鬼神，這種無法區分噩夢體驗是真還是假的模糊狀態正是噩夢的特點。

這些解釋或描述夢境的文學作品本身就是對作家自己潛意識的深度挖掘，將自己的心聲借助虛構人物表達出來，更能引起讀者內心情感的共鳴。

奧地利著名作家里爾克在文學創作中特別地注重「睡夢中出現的形象」。他認為創作要避免常見的主題和普通的形式，而要直接寫自己的主觀感受和內心生活，從自身日常生活中所熟悉的事物裡尋找題材，尋找那些一閃即逝的念頭和對美的信仰，這裡邊包括了夢以及夢幻的根本之要素。

　　同文學作品一樣，音樂是表達感情的重要方法，也是潛意識真實流露的另一藝術形式。通常能引起人們情感共鳴的音樂，都是音樂家用心譜寫的潛意識的音符的自然組合。

　　舒伯特名作《b小調交響曲》，就是在夢中完成創作的，從常識來看，交響曲原該有五個樂章，可舒伯特在夢裡，卻只創作了三個樂章，而夢醒之後靈感又全部消失，於是《b小調交響曲》，也被稱之為《未完成交響曲》，又被後人叫做「夢之作品」。

　　義大利著名小提琴作曲家、演奏家塔蒂尼，一次夢中，他把自己那把心愛的小提琴交給魔鬼，魔鬼高興之下，當即操起這把小提琴演奏了一支曲子。美妙的旋律讓塔蒂尼聽得如癡如醉。夢醒後，塔蒂尼迅即記下夢中所聽曲子，這就是舉世聞名的《魔鬼的顫音奏鳴曲》的由來。塔蒂尼借夢中的魔鬼，演奏出自己的心曲，平時潛抑的感情與欲望在音樂中得到了傾訴，也讓世界樂壇多了一曲絕世佳作。

　　佛洛伊德認為，瞭解「夢的工作」過程和懂得「夢的解析」方法有助於文學作品的產生和分析文學作品的意義，而一部文藝作品就像一個經過改裝的夢。在佛洛伊德看來，文學作品與夢有著驚人的相似性。

　　首先，夢和文學作品都是對現實的某種脫離。做夢者與作家、藝術家都超越了他們的日常環境，創造了一個虛構的

世界，並都在一定的時間裡生活在這個虛構世界中。夢的表層是夢的顯像，深層是夢的隱義，而文學作品也有感性的象徵形式和潛在的主題意蘊。

其次，夢和文學作品的形成都要經過一系列象徵、變形和改造的過程。夢的形成要透過凝縮、移置、視覺意象、二級加工等方式才能把夢的隱義改裝成夢的顯像，文學作品的形成也有賴於語言、文字、意象乃至各種象徵手法，從而把種種被壓抑的欲望化為文學作品中的人物、事件、情節和其他因素。

最後，夢和文學作品都是這種受到壓抑的欲望的一種替換形式，夢和文學作品都源於受到壓抑的兒童時期的欲望。做夢者透過他的夢幻，作家透過他的藝術作品，使各自的欲望滿足成為可能。因此，夢和文學作品之間有著明顯的一致性。

然而，夢與文學作品之間有一個顯著的不同點，那就是，無論是夢的內容還是夢的工作，都是潛意識的，而文學作品雖由潛意識欲望所決定，但作家、藝術家在創造藝術作品時，對於藝術媒介、藝術技巧、藝術手段的選擇以及對於藝術材料的加工等，都是有意識地、自覺地進行的。文學作品的產生比夢的形成經過了「更為嚴格的檢查與篩選」，因為文學家不得不受制於某些條件。他們在影響讀者情緒的同

時，還必須挑起理性的與美學的快感。因此他們不能直言無諱，他們不得不分離真相的某些部分，割離一些與之有關的擾亂成分，再填補空隙，粉飾全域。

　　因此，文學作品比夢更加隱晦曲折，需要經過精細的閱讀，運用更仔細的方法加以解析。讀者應該努力透過作品表層的種種象徵和偽裝，破譯其背後的隱藏的意義，尋找藝術家的潛意識衝動。

# Chapter2

# 解夢的常用技巧

SURREAL DREAM: THROW OVER ALL THE LOGIC

# 解夢者需瞭解夢者的那些情況

只有對夢者各方面的資料掌握得詳細、全面，才能把夢分析得更透徹，也只有這樣才能更準確地解夢。越接近夢的原意，成功率也就越高。要準確的解夢，除瞭解夢者要具備淵博的綜合知識、豐富的社會經歷，瞭解周圍的重大事件等，還有一個重要的條件，就是要詳細地瞭解夢者的個人情況和生活環境。

### 一、性別

不同的性別具有不同的心理狀態，更有著不同的願望。男性和女性對各種事物所賦予的象徵意義是不同的。尤其是女性，她的特殊性不容忽視。有些夢境，只有考慮到夢者是女人才能更好地解釋。

### 二、年齡

不同的年齡，經歷的事情多少不同，種類也不同，生活的環境不一樣，關注的東西不一樣，往往在心理需求上有很大不同。需求不一樣，願望的表達也就不一樣。比如兒童的夢可能比較單純，而成人由於社會化程度很高，夢境也就更複雜，心理需求更高。

### 三、職業

不同的職業，所處的環境、面對的人和事不一樣，對問題的感覺和認識也不一樣，關注的東西更不相同，這就要求我們解夢時要因人而異、因地制宜。比如農民可能經常夢見水稻、麥子，而衛星、航空器則更可能出現在科學家的夢中。

### 四、身體狀況

要瞭解夢者身體方面有無缺陷，是否有疾病。這類身體不健全的人，容易有自卑心理，而這種心理會摧垮一個人的意志，也可能促人向上。另外，身體的病變有時也會反映到夢裡，我們要結合夢者的身體狀況，才能更準確地解夢。

### 五、文化背景

包括夢者的出生、生活及風俗習慣，甚至當地的傳說、方言等。比如說，在迷信比較盛行的地方，夢見鬼神的機率就會更高。

# 學習解夢是不是很困難呢

解夢的方法說難不難，說易不易。說難不難，是因為在大學心理學課上講的解夢術，不過兩三個半天就有許多學生初步掌握了這門技術，而且成功地破譯了自己或別人的夢。說易不易，這是說如果無人指點，完全靠自己摸索，只怕十年八年也未必能摸索出規律來。

當然，如果你讀了關於解夢的書，而且這本書寫得很好的話，你也可以很快就掌握解夢技術。佛洛伊德的《夢的解析》，弗羅姆的《夢的精神分析》都是關於解夢的好書。讀一讀這些書，並且認真實踐，那麼半年一年之後，你或許就能解夢。

當然，你如果把這本書讀完並且認真實踐，半月一月之後，你或許就能解夢。個別聰明人還可以更快些——為什麼看這本小書比看偉大的心理學家佛洛伊德和弗羅姆的書還好呢？原因很簡單，佛洛伊德和弗羅姆的書都不是為了教人解夢而寫的，而是為了說明他們的理論而寫的，對於一般人來說，太高深了，學起來很不容易。

佛洛伊德的《夢的解析》，在八十年代末在中國出版了

幾萬冊，近年來也一版再版。讀過這本書的人不少，可是從這本書學會瞭解夢的人只怕一百個人裡也未必有一個。因為佛洛伊德的書非常難懂，夢的顯意、夢的隱意、意識、前意識、潛意識、原發過程、繼發過程……等等術語你必須都明白了，你才能搞清他說的是什麼。厚厚地像磚頭似的一本書，又充滿思辨、推理和論斷，一般人就算下定決心，沒有一年半載也讀不完這本書，如果你決心不夠大，那只怕你永遠也看不完。

弗羅姆的那本書還好些，薄薄的一小本，不過十幾萬字，語言也還比較通俗易懂。可惜那本書裡直接寫解夢術的只有第六章一章，二十五頁紙，舉了十來個例子。對說明什麼叫解夢術來說，這些篇幅夠了，但要教會人們解夢，這麼一點篇幅是遠遠不夠的。

古代人，比如周公，很可能掌握瞭解夢的技術，可是他卻從不傳徒弟，也不寫書。《周公解夢》之類的書淺薄錯謬之處很多，肯定不是真懂解夢術的人所寫。那麼，古代的解夢大師為什麼不願意傳授這種技術呢？一方面是為了壟斷：我會寫字你不會，我就勝過你；我會解夢你不會，我也勝過你。另一方面則是出於一種信念，認為：「天機不可預泄」，認為「多知者不詳」，教人解夢會洩露天機，使別人多知，是不好的。

不要從迷信的角度去理解「天機不可預泄」，這種信念的意思是，如果我們知道了有關他人的未來的事，而且我們把這種知識說了出來，就會干擾事件的自然發展，而這是不好的。

我們在之前講了很多關於夢和生活、潛意識的關係，那麼究竟哪些方法才是正確的解夢方法呢？在解夢之前我們需要做到哪些，瞭解哪些東西呢？需要注意什麼呢？

首先，希望大家把解夢術用來幫助別人或瞭解自己，不要用於傷害和算計別人。不要損害自己的「陰德」。「陰德」這種說法並不是迷信，只是一個比喻。如果你用解夢算計別人，你將受到自己潛意識的懲罰。如果善於解夢，你將很容易洞察別人內心，發現一些別人自然還不十分清楚的東西。

你可以因此而戰勝別人。但是，另外一個心理過程也在同時進行。解夢是你和自己潛意識的溝通，經常解夢，你潛意識中的各個原型都將被激發。每一個原型彷彿一種性格模式的人，原型有極大的心理力量。一旦你和某個原型有共鳴，你的性格會越來越接近這個原型。榮格發現，人的原型有「智慧老人」、「阿尼瑪或阿尼姆斯」、「太陽王子」等許多種，各有其典型性格，例如當「太陽王子」原型被激發時，你的性格會開朗、活潑、灑脫，如同王子。

如果你經常利用解夢去做損人的事，就會喚起另外的原型：黑巫師或魔法師，使性格變得陰鬱、鬼氣森森，而使你自己的潛意識失去平衡，將來，潛意識的衝突會引起心理疾病。

所以，解夢只應用於對人對己都有利的目的。

再者，對解夢的結果也不要盲目輕信。假如妳透過解夢，斷定妳丈夫和妳妹妹有奸情，不要貿然相信。因為妳的潛意識可能會有錯的時候，再說妳對夢的分析也極有可能會出錯。要把夢當做一個啟發，不要當成證據。

何況，夢中的顯示更多的是展示心靈層面的事件。也許進一步分析，妳會發現：「丈夫」是妳自己性格中男性化的一面的象徵，而「妹妹」則是妳自己性格中幼小的一面的象徵。他們之間的關係是你內部心理整合和諧的象徵──這本是一個很好的夢。

夢是十分複雜的，多層面的，不要輕易以為自己已完全瞭解了一個夢。

還有，作為一個解夢者，必須對人對己要寬容。人非聖賢，很多人在夢裡都會有一些「不好」的願望，比如想揍他的親哥哥，或者想強姦鄰居女孩等等，對此一定要能寬容。

我們的道德只要求人們不做壞事，並沒有嚴格到不許人們在夢裡想想壞事。如果在夢裡人人都被迫遵循道德標準的

話，這世界或許能增加幾百個好人，可是卻會增加幾百萬個因過分壓抑而發作的精神病人或心理變態者。

還有一點是，當你為別人解夢時，務必要考慮一下，能不能把解夢揭示出的事情告訴對方。如果對方很脆弱，那就不要把他承受不了的事情告訴他。再有，假如在大庭廣眾之下，一個女孩說出一個夢請你分析，而這個夢是寫她的性幻想或性隱私的，你最好假裝釋不出來。

解夢的最深的危險就是干預了心理發展的自然進程。我們現在都很瞭解，自然界有它自然的自平衡和自然發展，有一個生態系統環環相扣，有時一些善意的干預會打破自然的平衡。例如，如果你同情美麗的鹿而把惡狼斬盡殺絕，你會發現過不幾年鹿就會大批死亡：或者因為沒有了狼，鹿繁殖過快，結果吃光了植被，造成了大饑荒，造成大量死亡；或者因為沒有了狼，病弱的鹿沒有被狼吃掉，造成鹿群的素質下降，對疾病抵禦力下降，造成瘟疫流行和大量死亡。所以，我們都知道人類對自然界的干預要有限度。

同樣，一個人的心理也是一個環環相扣的大系統，而且是一個演變之中的系統，有它自己的節奏和過程。有時人必須要經歷一些苦難或痛苦，心靈才能成長。在這種情況下，你哪怕是出於善意使夢者避開了這種痛苦，你也會破壞了他心靈成長的自然進程，有害於他的人格完善。在這種情況

下，你的解夢知識就是「不祥的」。當然，一個人如果能透過解夢而干擾心理發展，那他的解夢水準已經是相當高了。

這樣的人是極少的。但還是想提醒這極少的人，我們應以謙卑的心面對心靈的無窮奧祕，切不可狂妄自大，試圖做人力所難以做到的事情。

如果各位讀者能做到這些，那麼，下面的一些解夢的一些技巧和方法，或許可以給你很多的啟發。

# 直接破解式解夢法

在使用直接破解的解夢方法時，必須根據你對做解夢的人品、性格、行為特徵以及心理的瞭解，並輔以一些合理的推斷。不是任何夢都可以用這種方式進行解釋，運用這種方式必須具備以下條件：這個夢很簡單，夢裡的象徵你都懂，而且你也很容易瞭解這個象徵在此夢中的意義，那麼，你可以一語道破：把你理解的夢的意義原原本本解釋給做夢者聽，問他對不對，核實你的解釋。如果對，解夢初步完成，不對的話，可以重新解夢。比如：某人小時候曾夢見有一個人長了個石頭腦袋，而且那個人用石頭砸她（夢者）的頭，把她的頭砸出了一個個坑，後來她的腦袋也變成了石頭。

解夢者很快就得出結論：石頭象徵著頑固、生硬和冷漠無情的性格，砸頭表示傷害。這個夢意味著在夢者小時候，曾經受到過一個人性格頑固而又冷漠的人的傷害，從而致使自己的性格也變得頑固而又冷漠起來。或者，這個夢也可以這樣解：在她小的時候，她家裡有個人（因為對兒童來說，影響最大的人是家庭成員，特別是父母；對那些由祖父母撫養大的孩子來說則是祖父母），可能是她爸爸或媽媽，是個

性格很頑固、很冷漠無情的人。她經常被訓斥、批評和責罵，於是她覺得很痛苦。為了不痛苦，她只好讓自己變得冷漠、麻木，就如同把血肉的腦袋變成石頭腦袋。於是她發現自己也成了那種頑固而又冷漠的人。這種性格至今仍深深地影響著她，使她感到生活得不幸福，她很難和別人建立親密關係，友誼和戀愛都不順利。在她內心中，她認為這一切都應歸因於童年的經歷，歸因於她的父母。由於她至今記著這個夢，可見此事對她的今天仍有影響。

透過與夢者的進一步溝通與核實，解夢者的論斷果然是正確的：解夢女孩的母親的確性格固執，並且對她缺少關懷，夢者童年非常不幸，長大之後性格也不太好。

直接破解式解夢可以使夢者信服解夢者。夢者只說了一個短短的夢，有經驗的解夢者就可能說出他目前的生活狀況、童年經歷、婚姻狀況、家庭狀況、性格等等多方面的情況。這會使夢者驚訝並且信服解夢者，這樣，解夢者對於夢的進一步解析和解夢者提出的建議都容易被夢者接受。

這種作用可以在以下的案例中得到證明：

一位解夢師曾經在一次會上做了個簡短的發言，講解夢的作用和意義。一位中年人聽後，不以為然地說：「夢哪有什麼意義？我說一個夢看你怎麼可以瞭解我的心理？」與會的不少人紛紛議論說：「對啊！眼見為實，耳聽為虛。」

於是，解夢師便請這個人說一個自己做過的夢。

「一次，我夢見一位領導人到我們家來找我，我就讓孩子去買兩碗麵。我們邊吃邊聊，他還給我分析農村形勢。」

解夢師問他：「這是你什麼時候做的夢？」

他說是不久之前。

解夢師仔細思索了一下，直接道破了這個夢的含義。他說：「這個夢概括一下叫安貧樂道。你一方面對自己目前的社會地位、經濟狀況不滿意（招待客人買兩碗麵），另一方面又有很高的自我期望（領導人來找他）。你的妻子對你很不滿，覺得你眼高手低，很可能已離開你（這是我的推測）。而且，你對你的孩子也是按你的要求來塑造，不關心他的需要和願望（讓孩子去買麵，但只買兩碗）。你認為自己並不是很痛苦，因為你總有辦法化解它。」

解夢師用一語道破的方式贏得了夢者的認可和信任。散會後，這個人主動找到解夢師說：「事業、家庭都如此失敗，其實我也很痛苦。」

解夢師順勢開導他：「其實，夢可以在不同層面解，在更深的層面你這個夢裡的小孩也是你自己。你可以試著關注你兒子的需要，在這個過程中，你也會逐漸意識到自己發自內心的需要，這樣你就不會太累。為一個外在的標準活著，對你、對你兒子都未免太殘酷了。」

# 循序漸進式解夢法

相對於其他解夢方法，循序漸進式是一種更安全、更可靠的方式，它不太容易出錯誤。原因是這種方式是把各種證據都收集全了以後才下結論。循序漸進式可以按夢的順序進行，也可以從夢中最引人注目的部分開始，或者從任何一部分開始；有時夢者對某一部分印象最深刻，可以從這一部分開始；有時某一部分比較容易突破，也可以從那一部分開始。

一語道破式解夢者有如福爾摩斯，僅從很少的細節就得出許多結論。循序漸進式解夢者有如一個法官，他只有解夢全部的證據後才結論。所以，循序漸進式往往難以產生戲劇性的效果。有時，在解夢者給出明確的結論之前，夢者自己就已經明白了夢的意思，這是一種好的情況，因為做夢者對自己的結論會更加相信。

這種方式有助於夢者增進對自己的瞭解，但由於一些具體的情況，這種情況往往又帶有一定的負面作用。因為有些做夢者可能不想讓別人瞭解自己，當他發現解夢者正在觸及更加真實的自己時，他就會在停止談夢，以避免解夢者瞭解

自己。在打開人們解夢的內心之城時，一語道破式是用猛攻的方式，一次戰鬥後，或者城被攻破，或者沒有攻破，那麼守門者就加強了防衛。

循序漸進式是用一個個往敵方城門混人士兵的方式，每天混進三五個士兵，直到混進的士兵足夠多。這樣也許守門者會不知道有人想攻城，因而也就沒有防衛。循序漸進法是可滲透方式突破夢者的心理防禦。

循序漸進式步驟是：把夢分成一些部分，一部分一部分地邊解釋邊核實，邊解釋邊瞭解背景材料，邊解釋邊讓夢者聯想。應用這種方式解夢，整個解夢過程就是解夢者和夢者合解夢共同尋找解夢內容的過程。

德國精神病學家弗羅姆曾經講述過一個用循序漸進的方法解夢的案例。

有一位律師夢見到了這樣的情景：「我看見自己正坐在一頭白色戰馬上，檢閱成群結隊的軍人。他們大家都狂熱地向我歡呼致敬。」他將這樣的夢境告訴了心理分析專家。

專家思考了一會，開始向他提問：「你認為這個夢代表什麼意義呢？」

（我們可以看到，心理分析家可能對此夢意義肯定已解出幾分，但是他不一語道破，卻耐心地和來訪者一起尋找夢的意義。）

　　律師回答說：「我覺得這個夢毫無意義。你知道我討厭戰爭和軍隊，我說什麼也不願意當將軍。我也絕不喜歡成為人們注意的焦點，被成千上萬的軍人凝視，也不願意接受陌生人的歡呼和致敬。你從我告訴你的有關職業困難的事上，就知道要我站在眾目睽睽的法庭中辯護一個案子多困難。」

　　專家說：「不錯，這是真的，但它並沒有否定這是你的夢，是你所寫的情節及你自己扮演一定角色的夢的事實。不論矛盾多明顯，這段夢一定含有某些意義而且一定表示什麼。讓我們以你對夢內容的聯想開始吧！請你集中注意力於夢境：你自己以及白色戰馬以及軍隊的歡呼──並且告訴我在看見這些情景時，你心中想到什麼？」

　　「真好玩，我現在看見一張我十四五歲時很喜愛的圖畫。它是一張拿破崙畫像。他騎在白馬上，在軍隊前馳騁。它與夢很相似，只是軍隊沒有向他歡呼。」律師說。

　　「這回憶很有趣。告訴我更多的關於對這畫喜愛，以及對拿破崙感興趣的事。」

　　於是律師繼續回憶，他十四五歲時很害羞，身體也弱，害怕野孩子。有一次他很喜歡一個野孩子，並邀請他到他家玩顯微鏡，卻被粗暴輕蔑地拒絕了。他當然很羞怒，從那時起他狂熱地閱讀關於拿破崙的書、搜集拿破崙的畫，成天幻想自己成為拿破崙。直到進大學後才克服了英雄崇拜和幻想。

專家說：「你忘記它了，但另一個你，那決定你的許多行為及感覺的，並且在白天清醒時隱藏得很好的另一個你，仍然希望成名，希望被人讚揚，想要擁有權力。另一個你昨夜在夢中說話了。不過為什麼昨夜你會做這個夢，昨天有什麼重要的事？」

「沒什麼，平淡無奇。我去辦公室工作，搜集一些資料，吃晚飯，看電影，然後上床。」

「這說明不了為什麼你會在晚上騎白馬，請告訴我詳細些，例如你在辦公室做了什麼。」

「噢！我記得了……不過這不可能與夢有任何關係……好吧！還是詳細告訴你。當我去見我的上司——也是律師公司的大股東——我替他搜集法律資料，他發現我犯了一些錯誤。他嚴厲地凝視我並說道：『我實在十分驚訝——我以為你可以比這做得更好呢！』那一刻我很感震驚——同時一絲念頭閃過我的腦際，我不願被解職，以為他以後不會再把我留用。不過我告訴自己這只是胡思亂想而已，任何人都會犯下一點錯誤。在當天下午我已忘記了這件事。」

「你後來的心情如何？是否感到不安或有些沮喪？」

「不，一點也不。相反的，我只是又疲倦又想睡覺。我發現工作非常吃力，並且在離開辦公室下班的時間，感到很高興。」

「那麼當天最後一件重要的事，是去看電影了。你願意告訴我那是什麼片子嗎？」

「好的，它是叫作《賈來茲》的電影，我很欣賞這部片子。事實上，還哭了呢。」

「為什麼會哭呢？」

「首先是為了賈來茲的貧困及痛苦情形，然後為了他的勝利而哭。我不記得以前曾看過如此這麼令我感動的電影。」

「然後你就上床，入睡。並且看見你自己騎在白色駿馬上，接受軍隊的歡呼。現在我們更加明白你為什麼會做這個夢了，不是嗎？小時候你很害羞、靦腆，而且不受人歡迎。我們從以前臨床的經驗中，知道這大部分是由於你父親的影響，父親以他的成功引以為傲，但卻如此地不能與你親近，並毫無感情——更不必說顯出感情了——而且不知給予鼓勵。

你今天所提起的那件事，被野孩子所拒絕的事，只是牽強附會而已。你的自尊早已被深深傷害了，而這段插曲只是火上澆油，使你更確信永遠不會有父親那樣的成就，永遠不算什麼，你永遠會被你所羨慕的人所拒絕。你有什麼辦法呢？

只好逃入幻想中，你幻想能達到你認為在現實人生中不

能達到的成就。在那幻想世界裡，沒有人能進來，也沒有人能否認你是拿破崙，偉大的英雄，為千萬人及你自己——這也許是最重要的——所讚揚及敬慕。

　　只要你能保留這些幻想，就能避免由於你在與自己以外的外在現實相接觸時，從你的自卑感所產生的痛苦。然後你進了大學。開始比較少依賴父親，並對你的學業感到有些滿意，感到你可以重新開始並有較好的基礎。進而，你為自己的『幼稚』夢想而感到羞恥，因此你不再做夢了；以為你正朝向成為大文夫男子漢的道路走去……

　　然而，正如我們所見的，這種新的信心，有些自欺的性質存在。你在每次考試前都非常恐懼。你認為只要世界上有其他男人在，就沒有一位女孩子真正地對你關心，你永遠害怕上司的批評。

　　我們再看看你做夢那天的事吧！你努力避免的事又發生了——你的上司責備你。你再度開始感到那種不如別人的老感覺了，但是你把它擱在一旁。你沒有感到不安及沮喪，反而感到疲倦。

　　然後你看了一場電影，它觸到你的老夢想，銀幕上的英雄以前是位為人輕視，毫無作為的年輕人，然後成為可讚揚可敬佩的國家救星，你把自己當作那位為人敬仰，為人歡呼的英雄，正如你年輕時所作的白日夢一樣。難道不明白，你

並沒有真正的放棄以前退縮入榮耀幻想的行為？

　　你並未把那使你退回幻想王國的橋燒掉，反而在任何時候只要現實是失望且恐怖時，又開始退回幻想。然而我們不是明白這一事實，反而更產生你所十分害怕的危險，使你仍然幼稚天真，使你無法成熟，並無法受成人們及自己尊重的人嗎？」

　　在這個經典的案例中，心理專家正是採用了循序漸進的方式，誘導這個律師一步步觸及到了他內心真正的想法，讓他明白了自己這個夢的真正含義，也更清楚地認識了自己性格中隱藏的內容。

# 複合錯雜式解夢法

　　直接破解式和循序漸進式是兩個極端，而在實際解夢中，更多採用的是這兩種解夢的複合錯雜式。也就是說，解夢者一語道破夢中某些部分夢義，以此啟發夢者，讓夢者說出有關的事件、想法等，然後，解夢者以此為根據，再直接破解夢一個部分，或者讓夢者透過聯想，自己弄懂另一個部分的意義。

　　透過下面這個案例，你可以對混合式解夢方法有更加清楚的瞭解。

　　有個女孩做了這樣一個夢：「我和媽媽姐姐坐在一輛汽車上，下車後發現有兩條路。一條通往一個拱門，拱門有鐵柵欄，柵欄後似乎有綠葉，另一條通向火車站……」

　　解夢者：「坐汽車在這裡象徵妳和媽媽姐姐在一起的生活。下車後發現有兩條路指妳現在面臨的生活選擇。夢中這兩條路就象徵著妳生活中的兩條路。第一條路上有拱門，有鐵柵欄，還有綠葉。鐵柵欄象徵障礙，說明這條路上有障礙，那麼，在妳實際生活中，這是指哪一條路呢？」

　　「我想指出國的路吧！鐵柵欄表示辦出國很難，拱門讓

我聯想到飛機場，至於綠葉，我記得爸爸出國後說過國外綠化很好，皮鞋可以一週不擦仍很光亮，給我印象很深。」

「那麼火車站表示在國內吧？因為坐火車是國內常見的。」

「是的，我們去了火車站……後來到了一個地方，像飯店前廳。我們在長條桌邊吃飯，吃鹽水花生。我的男朋友吃雞翅和青菜，姐姐換了盤花生，大了點，但是放在桌布上吃不用盤，有兩個農村姑娘想換花生人家不給換，自己也想換覺得髒沒換……」

「吃的飯代表生活水準。鹽水花生代表較低的生活水準。妳的男朋友能給妳帶來高一些的生活水準，雞翅和青菜……」

「還不是很高，夢中我夢到有人在喝酒，那意指更高的生活水準。」

「是的。妳姐姐想換個伴侶，但妳認為那也不過是換一盤大點的花生而已；當然農村姑娘這類人想換還換不到呢！但是妳仍舊覺得換個更好些的男朋友這種事妳是不願做的，因為『髒』，也就是違背了妳的道德標準。」

「真的是這樣………」

「坐汽車在這裡象徵著妳和媽媽姐姐在一起的生活。下車後發現有兩條路指妳現在面臨的生活選擇……」這是解夢

者對女孩夢境含義的最初解夢，並且他將這種含義直接告知
了對方，目的也是引導對方對自己的夢境做出更加合理、更
加理性的描述，從而逐步揭示出這個夢境的最終含義。

# 自我觀察式解夢法

　　夢這種現象和許多其它現象不同。我們可以和幾百人一起觀察海市蜃樓、雨後彩虹、潮汐等自然現象，但不可能有兩個人一起進行同一個夢。雖然我們可以用腦電波圖、測量眼動等方法判斷人是否正在做夢，但是我們絕不可能知道他夢見了什麼。因此，證明夢的意義或進一步研究夢，都不能不依靠夢者的自我觀察，這種自我觀察的方式也可以稱為內省法。

　　在心理學研究中，內省法是最早被使用的方法，但是後來心理學放棄了這種方法，至今這種方法仍然不太受重視，原因就是內省法有它的局限性。其局限性主要包括：

**一、干擾**

　　內省活動會干擾正在進行中的心理活動。在半醒半睡時，如果努力內省努力記憶夢，則夢就會停止，而人會醒過來。

**二、欺騙**

　　如果一個人講述了一個編造的假夢，或者他改編自己的夢，我們不能直接看出來，判斷真假也並不容易。

**三、遺忘**

在做夢的時候人不能講述或記錄自己的夢，人只能在做完夢醒來後才能講述夢，而這實際上是回憶夢。夢很容易被遺忘，所以人們講出來的夢只是真實夢的一些片斷。

### 四、無法重複

絕大多數夢是一次性的，它們出現一次，然後就再也不出現了。少數夢雖然會重複，但是我們也無法有意讓它重複。我們不能說：「昨夜的夢沒看清楚，今天讓我重新夢一次。」

### 五、難以控制

絕大多數人不可能控制自己的夢。在自然科學中有這樣的原則：認為只有兩個以上的人同時觀察的同一事件才可信。並且一個現象必須可以在相同的條件下能重複。如果按這個原則，夢是不可能成為科學研究的對象的。夢既不能由兩個人同時看到，又不能重複。

但是，內省法並非毫無借鑒意義的，透過對內省法細節的一些修繕，可以得出一些新的內省方法，進而增加這些觀察結論的可信度。新的內省方法主要有三種：自然內省法，即讓夢者講述或圖畫等手段表述夢；內省印記法，即用不同的人的夢或其中材料作旁證；控制內省法，即控制某種條件進行內省，例如讓一個人吃鹹菜後觀察他看是否會做飲水的夢。

透過以下原則，可以保證這些新的內省法的可靠性：

**一、判斷做夢者描述夢境時有沒有有欺騙的動機，進而判斷他的內省報告是否真實可信。**

這個原則的意義是，如果講夢的人不想欺騙我們，他的話就可信。那麼如何判斷講述夢的人沒有欺騙動機呢？這又可以從以下幾個方面著手：

其一、如果講述出來的夢不會給講述夢的人帶來實際利益，則他的內省報告不大可能會有欺騙，有可信性。

《後漢書·馮異傳》中有一個例子。劉秀問馮異天下的形勢。馮異說現在天下無主，勸劉秀即位做皇帝。劉秀這時講了他的夢：「我昨夜夢乘赤龍上天。」在中國古人心目中，夢見龍或上天都預示著夢者將成為帝王，於是馮異解釋說這夢表明劉秀命定要做皇帝，劉秀也就同意即位了。

這個夢對劉秀就很有益。因為劉秀很想做皇帝，但是按中國人的道德傳統，他又必須竭力推辭，直到有強有力的做皇帝的理由使他無法推辭才能接受。夢就是一個強有力的理由，是他接受做皇帝建議的最好藉口。中國歷史上流傳的大量這類的夢，可信度都是極低的。這類夢不可以用來作證據。

其二、如果講述出來的夢會給做夢者帶來危害，或者包含著做夢者不願意暴露的內容，則他的內省報告不大可能有

欺騙,有可信性。

例如,一農民說他做夢當了皇帝,因此而被皇帝殺死。那麼他的夢就有很高的可信度。

再有,如果夢暴露出夢者不願意讓人知道的心理內容,如對親人的憤恨;不合道德的性衝動等,這個夢就有一定的可信度。

某女大學生在旅途閒談中對一個第一次見面的男學生講了一個夢:「一個男的要給我打針。我有些害怕,那個男人說,不要緊,吃了這片藥就沒事了。」

這個夢的意義其實可能是這樣的:那個男人想和她性交,她害怕懷孕,於是那個男人說吃了避孕的藥就沒事了。顯然這個女學生不會願意對一個剛認識的異性公開自己的性生活,所以這個夢也有可信度。

其三、如果講述夢的人很誠實,他的內省報告有可信性。

相反,如果講述夢的人喜歡嘩眾取寵,出風頭,他的夢可信性就差。因為他有可能故意把夢「改編」得更為離奇,以圖吸引別人的注意。

其四、如果講述夢的人對夢沒有一種極為固定的信念,則他的內省報告有可信性。

假如夢者是堅決信仰夢是一種預兆這種信念的,他可能

會報告一些夢準確地預見了未來的夢。而實際上也許是這樣，當一件大事發生後，他在記憶中的許多夢裡找到一個和這件事似乎有關係的夢，並且有意無意地改造這個夢，使它似乎成為了預兆。

堅信其他夢理論或夢信仰的人也很容易無意識地歪曲夢，使之與自己的理論信仰相合。

**二、如果夢者是在剛醒時報告夢，則他的內省報告有可信性。**

講述夢的時間距夢發生的時間越近，可信性越高。由於我們對夢遺忘得很快，所以在剛醒時報告夢可以大大減少遺忘。如果一個人講述一個幾個月甚至幾年前的夢，那麼他的講述可信度極低，因為在這麼長的時間內，夢的絕大部分細節已經失去了。如果在剛醒時就把夢記錄下來，這個記錄也同樣有可信性。

**三、如果講述夢的人缺少編造假夢的能力，則他的這個報告有可信性。**

一般來說，兒童的夢報告比較可信，因為他們幾乎不可能編造一個假夢而不被識破。

不瞭解夢的任何科學知識和理論的人，卻報告了一個複雜的並且切合某種理論的夢，則我們認定這個夢有可信性。例如，一個完全不懂佛洛伊德夢理論的人，卻報告了一個典

型的由凝縮作用形成的夢，則有可信性。

**四、如果有相似的夢互相印證，則夢報告的可信度增加。**

印證的夢越多，可信度越高。假如過去從沒有人報告夢見了有顏色的事物，所有人都說夢是黑白的，只有一個人報告說「我做了一個彩色夢」，我們對他的報告不可輕信。而當許多人都說自己做過彩色夢後，我們可以相信彩色夢確定存在。一般來說，畢竟不大可能有這麼多人說同樣的謊言。

夢的情節也可互相印證。例如，某人報告說他夢中被追趕，他想跑但是跑不動，後來就嚇醒了。如果別人也報告過類似情節，則這個夢報告有可信性。

夢的結構也可以互相印證。例如，某人報告她相繼做了兩個夢，這兩個夢完全相反。前一個是她和男友一起站在帆船上，周圍是陽光燦爛的大海；後一個是她獨自在海水裡站著，馬上就要被淹沒。看起來這兩個夢不如說是同一個夢的兩個部分，透過它們之間的對比，說明了這樣一個主題，過去的幸福和今天的孤獨。那麼，事實是這樣嗎？夢會採取這種對比的方式嗎？

如果我們不止一次地發現這種前後對比的夢，我們就可以肯定夢的確有這樣一種結構。

**五、如果夢的形式和內容符合夢的一般特點，則這個內省報告有可信性。**

　　例如，大多數夢是主要由視覺形象構成的，很少有長篇對話。那麼某人報告說他夢裡看到什麼事情就較可信，而他說他在夢裡聽別人講了幾百句話就不可信。一般來說，夢中數學計算能力較低，如果有人說他在夢裡準確地計算了複雜的數學題就不可信。

　　但是，如果夢見有人說了很多話的夢者是盲人，夢中計算能力較強的夢者是數學家，這種內省報告就不能說完全不可信。

**六、如果夢的內容與夢者所受的刺激及生活事件有關聯性，則他的內省報告有可信性。**

　　這種情況通常可以分為以下三種形式：

　　其一、如果夢的內容與夢者做夢時所受到的內外界刺激有關，則有可信性。

　　例如，睡夢中聽到門鈴響，稍過一會兒夢者醒來，說夢見到寺廟遊覽，塔上風鈴在響。再如，夢中大吃大喝，稍過一會醒來發現自己很餓。

　　其二、如果夢的內容與夢者近期的生活事件有關，則有可信性。

　　例如，某人夢見一條白蛇咬他。解夢者讓他回憶前一大發生過的事。他說沒有什麼特別的事，只是和一個同學吵過幾句，然後說，這個同學穿的是一件白襯衫。夢和這一事件

之間有相關：白蛇——穿白襯衫的人，此夢有可信性。

其三、如果夢的內容和夢者過去的重大生活事件有關，則有可信性。

某女生常做一個惡夢，夢見窗子開了，一個長毛怪物站在窗上。據調查，她曾被入室強姦，當時罪犯就是越窗而入的。因此，此夢有可信性。

掌握了以上原則，我們大體就可以判定某個人所講述的夢大致是可信的。當然，實際應用時，不可能每個夢例都能滿足以上所有這些原則。一個夢能滿足的原則越多，它就越可信。

# 掌控情緒式解夢法

在你對一個夢拿不準怎麼釋的時候，夢中的情緒可以為你提供線索。因為夢的情境經過了象徵和其它方式的加工，和實際情況有很大不同。但是夢中的情緒卻大多保持不變。

正如一個叫史笛克的人所說：在夢中如果我害怕強盜，當然這強盜只是想像的，不過那害怕卻是真實的。

也許有時候夢中沒有強盜，只有一些看來毫不可怕的事物，但是你仍舊很害怕。這也一點不奇怪，因為這「不可怕的事物」經分析後，一定代表著可怕的事物。反之，夢見本應很可怕的事物卻不害怕也不奇怪，這事物必定代表著某些不可怕的事物。

例如佛洛伊德所舉的一例：夢者在沙漠中看到三頭獅子，其中一頭向著她大笑，但她並不感到害怕。

為什麼不怕呢？卻原來她父親留著一把大鬍子，就像獅鬃一樣。她的老師的名字和獅子一詞發音相似。有人送過她一本題為獅子的歌謠集，這就是她夢中的獅子。有什麼可怕呢？另外，當天她還見過她丈夫的上司，這上司個頭很大而且是重要人物，她用獅子象徵他，也談不上要怕他。

再如我夢見在一個公園玩，公園裡人山人海，不過我卻覺得很可怕。

在想我為什麼害怕時，我腦海裡提供了一個答案：也許這些人不過是幻想，並不是真的人。於是這可怕也就可以理解了。看起來熱熱鬧鬧，實際上完全空虛，這是多麼可怕的生活啊！不是嗎？

我夢見在一個公園玩，裡邊沒有一個人，安靜而且很好看，不過我覺得很可怕。因為我想到，也許有許多我看不見的幽靈存在，在山石後花草邊看著我。這不可怕嗎？

也就是說，在看起來平靜的人際關係中，實際上並不平靜，不知有多少小人在暗中窺視著你。

如果夢想表達一種情緒，而這種情緒違背自己的道德觀，怎麼辦呢？一般來說，沒什麼關係，只需要用一些難懂點的象徵就是了。按佛洛伊德的觀點，夢有時會偽裝，但是夢多數時候不偽裝。比如一個人怨恨他父親，想殺了他。他可以夢見自己格殺了一隻猛虎，感到十分高興。這樣他的道德觀就不會反對了，殺虎難道不道德嗎？但是有時夢沒有偽裝也沒有象徵就把他的願望「演出來了」，比如他夢見他父親死了，這時他本該高興，因為他父親是個暴君似的人物，對他太兇暴了。但是盼父親死的這種夢自己又不能接受，於是夢就會採用另一種偽裝方式。

　　那就是：裝得格外悲痛以掩飾自己的高興。於是夢者夢中會非常悲痛。

　　在清醒的時候人們不也會這樣嗎？當他們在心目中輕蔑自己的上司又不怕得罪他時，他們裝得格外恭敬。當一個女孩單戀一個男子又不願承認時，她會對他顯得格外地冷淡。

　　一個母親不喜歡兒子卻又不願承認時，她會對他顯得格外地關心。

　　例如，一個人夢見她奶奶死了。她十分悲痛。夢者在當天接到一封信，說她奶奶病了。於是她做了這個夢。這個夢可不可以解釋為她擔心奶奶死呢？也可以。那樣的話，情緒就是真正的情緒。但是卻也有一點可疑。那就是，她奶奶還沒有死呢，她悲痛得早了一點。按理說，她更應該是一種擔心的情緒，所以有可能這個夢中的悲痛是偽裝。

　　夢者實際上希望奶奶死。不要用道德譴責這個夢者，人的潛意識往往是自私的，更多地是考慮自己。如果覺得一個人可厭，很自然他就希望她死掉，這無可深責。只要她在實際生活中，不做對老人不好的事就可以了。

　　佛洛伊德還指出，有一類夢中的情緒是與夢實際所講的事一致的，但是強度卻超強。這往往是由於有其它原因加強了這種情緒。比如你出於某種原因討厭仇恨某一個人，平日你找不到他的毛病，也只好壓抑這種厭恨。但是有一天這個

人做了件壞事，於是你就會很憤怒。別人也會對他憤怒，但是憤怒的程度恰當。而你的憤怒卻會遠大於別人。因為你借這個機會，找到了一個正當理由，把你以前壓仰的憤怒都一齊發洩出來了。

# 擴充表演式解夢法

擴充夢和表演夢也都是解夢方法。擴充是榮格創造的解夢方法。它要求做夢者自己擴充夢，講出對夢的印象，講出夢中最令之有感觸的部分。同時解夢者尋找夢與神話情節、童話、傳說等等之間的共同點以求理解夢。例如，一個女人夢見飛蛾撲火。

解夢者可以由此聯繫到古希臘解夢中有一個傳說，有人裝上蠟和羽毛做的翅膀飛上天空，飛得離太陽太近了，翅膀的蠟被熔化，人也落下去掉到海裡淹死；還可以聯繫到中國的夸父追日的故事，夸父追太陽，結果離太陽太近，因熱而渴死了。

從夢和這種傳說中，可以看到一個共同主題，追逐光明，但因離光明太近而死。由對神話的理解，就可以啟發我們去理解那個女人的夢的含義。

演夢是格式塔心理治療（格式塔心理學派是現代西方重要的心理學派之一）中的一種方法，即把夢當成一幕戲劇，然後讓夢者自己再去演夢中的自己。這個過程，實際上也就是再重新體驗夢中的情感。重新進入了這種情感後，夢者也

就理解了夢的意義。

例如，一位婦女夢見泥地裡有一個汽車車號牌。解夢者就讓她表演那個車牌，用車牌的口吻說話，無論說什麼都可以。

她說：「我就是那個車牌，躺在泥地裡，沒有人管我。我曾經是一輛車的標誌，可現在什麼也不是，沒有用處……」

這位，婦女後來解釋說：「這個夢正是我的心情。」

# 自我接納式解夢法

要靠解夢促進心理健康，有一點是解夢師要特別注意的，那就是自我接納。承認自己不是聖人，只是一個凡人，所以有種種不足也是可以接受的。

因為夢帶來的知識，許多是關於我們自己的陰影方面的知識，沒有自我接納，這些知識往往讓人難以接受。

比如說：一個認為自己很純潔的人，認為自己不淫穢的人，卻在夢中發現自己比所有見過的淫穢者還淫穢。一個認為自己很溫和善良的人，卻發現在夢中自己對人有很深的怨毒，恨不得殺掉最親近的人。一個人在夢中發現自己有亂倫的衝動，還有一個人發現驕傲的自己在夢中自我評價很低……這種知識誰能接受？就算這是真的，他們也不願睜開眼去看。

在前邊的夢例中，讀者可能已發現許多夢都與性有關，當夢者知道自己夢中的性慾望後，有些人會覺得：「我怎麼這麼下流。」反而心裡不舒服。

我曾經做過這樣一個夢：夢見我和小學的一個同學一起在學校，學校教務長說我們犯了校規，我們玩色情撲克，責

令我們寫悔過書。我沒有做這件事，所以不願寫悔過書。但是同學勸我說：「你不寫，他會說態度不好，要加重懲罰。你寫了，他認為你態度好，反而不會處分你。」我十分憤怒，瞧不起這個同學，並且想，也許他真的犯了這個錯。這個同學在實際生活中我就很討厭，這是個很噁心人的傢伙，下流骯髒，相貌醜陋。我堅決不寫悔過書，就這樣醒了。

醒後我進行解夢，根據對那個小學同學進行分析，意外地發現他是我人格的一部分的象徵。難道我還會有這樣的部分嗎？真的難以接受。我還會有這種骯髒醜陋的心理嗎？我會「玩色情撲克」，也就是說，從色情的遊戲中獲得性滿足嗎？這的確讓我難以接受。

在我們釋這種夢時，自我接納是十分重要的心理準備。所謂自我接納，就是承認自己是一個凡人，有一些不夠高尚、純潔的念頭，也是正常的。不要為此不安，內疚，更不要掩耳盜鈴，不承認這些雜念，更不要自欺欺人，假稱聖人。

有個女人與丈夫兩地分居，夢中經常以各種轉換的形態夢見與鄰居某男人有私情。解夢者告訴她夢的意義後，她無法接受，說「我怎麼會這麼壞」。而實際上，正如人餓了想吃飯一樣，在性上出現了饑餓自然會透過夢幻滿足自己，這談不上壞，這只是她人性的特點而已。正如我們不能因為貓偷魚去責備貓一樣，對她的夢也無可深責。社會道德也只約

束行為不約束夢想。只要在實際生活中不做違背道德的事，對夢何必苛求。英雄也不是沒有過卑下的情操，只是他不被卑下的情操所左右罷了。

有個人的夢經過解析，是盼他爺爺死，他對此不能接受。而事實是，這也不是不可接受的事，因為他內心中覺得，爺爺對他的成長是一個阻礙。在他內心中某一部分，自然願意消除這一阻礙。但是這並不可怕。因為在他心中也有另外一些部分不但不盼爺爺死，而且對爺爺還很有感情。退一步說，有些長輩為人極差，甚至心藏邪惡，那麼後輩希望他死去也不是大逆不道的事。

人就是這樣充滿矛盾，愛一個人欲他長生不老，恨一個人願他馬上死去。這些欲望只是表現愛恨情緒而已，人有愛有恨，這難道是不可接受的事嗎？

愛慕一個人，從而希望與他共歡愛，這也不是不道德。只是說明一種情感而已，有情感才是人性。

也許有人會問：難道一個人不應該為自己的邪念羞愧嗎？反而該把任何邪念都接納下來嗎？這樣做不是縱容自己嗎？不會阻礙人進步嗎？

對這個問題要這樣回答：首先，許多「邪念」都有它存在的理由，有它存在的合理性。比如性的邪念。固然下流骯髒的性是不好的。但是，它的存在也有合理性。當一個人壓

抑正常的性衝動時，被壓抑的性衝動就會以一種邪惡的方式、骯髒的方式表現出來。曾經有個教士，認為純潔的人應當禁欲，才能接近上帝。他自己也自以為做到了。但是，他卻變得性格怪僻，而且，在野外看見狗生小崽，都氣憤得去踢那狗。為什麼呢？因為他從生育想到交配，感到噁心。這個人的心靈難道不是很骯髒嗎？為什麼他會心靈骯髒呢？因為他不接納自己，不接納自己也是人，也必有性慾這一點。

他壓抑性，反而使性變得骯髒了。如果我們對他說，你心裡有種骯髒的性慾，它使你對狗交配都妒嫉，他顯然更不會接受。但是，如果他想心理健康，第一步正是要接受自己。告訴自己，我也是人，人在性被壓抑時會滋生骯髒邪惡也是正常的，不必為此過分羞恥。這以後，才可以進一步找到正當的、健康的滿足性慾的方式。或者，正像大學生在不可能有性生活時一樣，找到把性的能量昇華，把它引到藝術創作或其它方向上的方式，從而消除產生邪惡骯髒的土壤。如果那個教士這麼做了，他也許看見狗生崽心中會湧起慈愛：「多可愛的小狗。」這樣，他才是更接近了上帝。

再強調一遍吧！當夢中出現了「邪念」時，要告訴自己：惡的出現是因為善饑渴了。人在正常的需要得不到滿足時會產生邪惡也是正常的，我們不應該只壓抑邪念，相反要想辦法滿足正常需要，從而消除惡的土壤。個別的人，會把

一些十分正常的念頭也當成邪念。例如，夢見性，而且不是骯髒下流的性只是正常的性，比如對某同學產生欲望，就很自責。這更不必了，因為這是人性。你是人，有人性是理所當然的。再有，不自我接納，對自己嚴厲批判，讓自己內疚，往往並不能讓你變得更好。它只是在已有的煩惱上，讓你多一層煩惱而已。

一個女人不愛丈夫，愛另一個人，她對自己很生氣，也感到很內疚。因為她的丈夫對她的確十分好。但是這種內疚並不能讓她對丈夫更好，雖然她可以因此做得似乎很賢慧，但是丈夫能感覺到這種賢慧的虛偽。有時，內疚反而使她脾氣變壞，對丈夫更為粗暴。

再如一個青年人手淫，手淫過度固然有點害處，但是並不大。可是他對此十分內疚，每次後要痛罵自己一頓，整天沒有心情好的時候。這種痛罵使他變好了嗎？沒有，反而讓他多了一層痛苦煩惱。如果自我接納，認為手淫也沒什麼大不了的，那麼他的情況反而好得多，至多只是有些疲勞無神而已。

如果一個人不能自我接納，解夢有時反而有害，因為它把解夢的內心暴露出來了。而如果能自我接納，夢就會給你一個瞭解自己，從而改進自己的機會。

# 自由聯想法如何解夢

自由聯想法是佛洛伊德進行精神分析的主要方法之一，採用自由聯想的方式，鼓勵病人用語言來表達深埋於潛意識中的思想或情感。在談話過程中不加任何限制，不管所講出的內容是否合乎邏輯，甚至帶有淫穢的詞句，但經過治療者的分析和聯繫，從而推論出病人在潛意識中存在的矛盾或內心衝突。治療者對病人談話的解釋，或指出其所述的內容有什麼心理動力學的含義，其目的就是讓病人領悟，進而克服自己的防禦反應，並建立起新的行為。

按照佛洛伊德的觀點，透過自由聯想未能呈現出明顯的潛意識內容，可以從其他側面探求解釋。

例如，有一名罪犯在夜間作案時，將一支蠟燭插在一個牛奶瓶內照明進行盜竊。在被拘捕後拒不交代事實經過，於是命令他作聯想測驗。具體方法是檢驗者說出一個詞，令他立即回答所想到的另一個詞。

開始時，先用一些無關的詞，如「天」，答以「地」；「父親→母親」；「鮮花→草地」；「黑→白」；「巴黎→紐約」等，然後突然提到「蠟燭」，這名盜竊犯即答以「牛

奶瓶」。這是利用聯想測驗來進行刑事偵察的一個典型例子，因為被試者在進行迅速聯想時，往往會暴露出內心潛隱的意識。

自由聯想法的具體做法是：讓病人在一個比較安靜與光線適當的房間內，躺在沙發床上隨意進行聯想。治療醫生則坐在病人身後，傾聽他的講話。事前要讓病人打消一切顧慮，想到什麼就講什麼，醫生對談話內容保證為他保密。鼓勵病人按原始的想法講出來，不要怕難為情或怕人們感到荒謬奇怪而有意加以修改。因為越是荒唐或不好意思講出來的東西，即可能最有意義並對治療方面價值最大。在進行自由聯想時要以病人為主，醫生不要隨意打斷他的話，當然在必要時，醫生可以進行適當的引導。

一般來說，醫生往往鼓勵病人回憶從童年起所遭遇到的一切經歷或精神創傷與挫折，從中發現那些與病情有關的心理因素。自由聯想法的最終目的，是發掘病人壓抑在潛意識內的致病情結或矛盾衝突，把他們帶到意識域，使病人對此有所領悟，並重新建立現實性的健康心理。

一位二十一歲的大學男生害怕接觸女同學，怕看到她們的身體，後來又發展到怕看一切中青年婦女，甚至自己的女性親友。因此不敢進入教室、學校，後來不敢上街而只好休學回家閉門不出。他自己也認識到這種恐懼心理荒唐可笑，

然而卻無法自我控制，並且經常會夢到性愛的場面，為此感到十分焦慮與抑鬱，並繼發消極自殺觀念。在進行自由聯想時，醫生讓他盡力回憶他的童年、青少年與過去的經歷，他暴露了自己在幼年時對女性身體（尤其是下身）曾發生過強烈的好奇心與興趣，曾經偷看過保姆換衣服，還曾在一次遊戲時鑽到一年長的表姐裙子下面去窺視。在一年夏天他偷看母親洗澡，被父親發現後遭到毒打，以後就不敢再這樣做了。

長大成人這段經歷慢慢被淡忘，有一天他在大學中參加運動會時，突然發現同班級一女同學在表演跳舞時裙子飄起來，所穿的三角褲與過去那位表姐顏色完全一樣，在引起強烈性興奮後立即產生了嚴重罪惡感。害怕再看到這位女同學的裙子與下身，以後就泛化為害怕看到所有女性的下身或其下部衣著，結果形成了他這種特殊形式的恐怖症。

從精神分析學角度來看，造成這位青年人恐怖症的潛意識內容與他幼年期的性好奇（窺陰衝動）、俄狄浦斯情結、嚴重的罪惡感與閹割焦慮等有關，這些都是病人自己不能覺察或意識到的。

佛洛伊德認為，自由聯想是彌補記憶缺失的有效方法，讓病者自己的心理獲得充分的自由，使意識的抵抗或抗拒減弱到最低程度，從而竭力捕捉潛意識中產生的東西。

# 精神分析法如何解夢

　　精神分析療法又叫心理分析療法、分析性心理治療，是著名奧地利精神病學家西格蒙德・佛洛伊德所創建的一種特殊心理治療技術，既可適用於某些精神疾病，也可幫助人們解決某些心理行為問題，這種方法也可以適用于解夢的研究。

　　它建立在潛意識理論基礎上，精神分析治療是讓病人瞭解自己的意識和潛意識過程，即將原本經受到壓抑的全部需要、欲望、經歷等都召回到意識中來，病人的行為不再被隱藏很深的動機所左右，或為積累已久的個人自我防禦所困擾，此時病人自己能做出較合理的選擇。

　　為達到這一目的，病人在治療者的幫助下，進入過去被禁止的區域，拋棄那些不成熟的情緒和反應，讓病人如實地認識自己，從而促使症狀消失。

　　潛意識深藏於意識之後，是人類行為背後的內驅力，潛意識的動機在某種程度上影響著我們各方面的行為，人的重要行為表現是源於人們自己意識不到的動機和內心衝突。

　　精神分析學說以潛意識的理論為基點，所要探討的「是一個人為什麼是他那個樣子」的真正原因，它設法將潛意識

的東西進入意識中來，然後透過自我認識，以擺脫心理問題和不良情緒。

精神分析的目的和價值在於它能夠挖掘出深藏在潛意識中的各種關係（尤其是童年的精神創傷和痛苦經歷），使之被召回到意識中來。

患者借助醫生的分析、解釋，理解這些關係，徹底頓悟和認識自己；醫生再加以疏導，使患者宣洩並消除深藏在潛意識中童年的精神創傷、心理矛盾和痛苦體驗，最後矯治不良行為，達到治療目的。探討病人的深層心理，識別潛意識的欲望和動機，解釋病理與症狀的心理意義，協助病人對本我的剖析，解除自我的過分防禦，調節超我的適當管制，來改善病人的人際關係，調整心理結構，消除內心癥結，促進人格的成熟，提高適應能力。

佛洛伊德認為許多精神症狀（歇斯底里、強迫症、恐怖症、焦慮症等）的發病原因，主要根源於壓抑在潛意識內的某些本能欲望、意念、情感、矛盾情緒與精神創傷等因素的作祟。這些被壓抑的東西，雖然人們自己不能覺察，但在潛意識內並不安分守己，而是不斷興風作浪，從而引起患者個人也不理解的焦慮、緊張、恐懼、抑鬱與煩躁不安，並產生各種精神障礙表現。

佛洛伊德用此法治療精神症狀患者露茜，患者因幻嗅而

苦惱，最初只是在夢境中會聞到奇怪的味道，慢慢發展為生活中也會聞到，並伴有心境惡劣和疲勞感以及歇斯底里性全身痛覺喪失症狀而就診。

佛洛伊德在使用精神集中法誘導她回想有關的經歷或經驗時，她說：兩個月前，在她生日的前兩天與孩子們一起做飯菜時，收到了母親的信。剛打開信封，孩子們就開玩笑地搶走了那封信。這時爐子上的布丁燒焦了，臭味彌散開來。作為家庭教師的露茜，很害怕主人因此說她不好或把她辭退。

佛洛伊德透過交談瞭解到患者潛意識中愛上了男主人（鰥夫），內心想取得孩子母親的地位。這位主人曾在只有兩個人時，說過要依靠她把孩子教育好這樣的話。在她自由地敘述了與布丁焦臭味有關的事件及表露了對主人的戀意後，她原有的症狀就逐漸消失了，但卻替換成了雪茄刺鼻的味道。由此進一步又聯想到，她回憶起主人在斥責其下屬吻別主人的孩子時，她在旁邊看到心中突然一跳，當時主人正在抽雪茄。

佛洛伊德認為此患者發生歇斯底里症狀的原因，是她的自我與其某些觀念（如「單戀」）之間的矛盾衝突。自我透過防禦機制，拒絕與否定了該觀念，將其排出意識之外，而被壓抑的能量就轉換成歇斯底里症狀的軀體症狀。

佛洛伊德認為心理障礙者的症狀和病理表現是眾多原因

的複合物，其組成的基本因素則是各種動機和本能的衝動。

　　將病人對此毫無所知的心理因素召回到意識中來，透過多次的揭示和解釋，修通心理障礙者或精神病人的心理紊亂，讓其瞭解潛意識的偽裝和真實含義，擴展意識生活的內容，這便是心理分析療法的治療目的。

# 直示法如何解夢

　　解夢屬於術數類。術數占卜，大到能夠用來推測自然界的種種災異，小則可以用來預測個人的命運。從上古時期開始，人們就開始了對夢境的研究，並逐漸以之作為預測吉凶的依據和兆示。

　　人的夢都是象徵性的，有的含蓄，有的直露。夢象千奇百怪，因此人們解夢的方式也就多種多樣了。比較常用的一種解夢方法是直示法，即直接把夢象解釋為它所預兆的人和事的方法，也就是說夢中夢到了什麼，就認為未來會出現相同的人，發生相同的事情，即用夢象直接代表夢的意義的方法。

　　直示法解夢出現的比較早，因為在人類社會早期，人們大多會把夢境中的經歷當做真實的情景，所以人們會以對待事實的態度來對待夢境。在西漢賈誼所著的《新書》中就有記載，古代匈奴人「夢中許人，覺而不背其信」，也就是說他們完全相信夢中所發生的一切。而明人陳士元在在自己的著作中，把直夢稱作為「直葉」，「葉」是「合」的意思，就是事與夢合，比如「何謂直葉？夢君則見君，夢甲則見

甲，夢鹿則得鹿，夢粟則得粟，夢刺客則得刺客，夢受秋駕則受秋駕。此直葉之夢，其類可推也。」就段話出自他的《夢占逸旨・感變篇》。

這是因為在有些夢中，原形材料進入夢境後一般不會變形，或基本上沒有變形。因此，夢中出現什麼人物，也就指現實中那個人物；夢中出現什麼對象，也就指現實中那個對象。夢象對於原形，可以說是一種象形。

當然，象形可以重現全形，也可以選擇其中的一部分，但所指的對象則是明確的，所表示的意義也是清楚的。比方說，夢中人物的活動和話語，即直接表示那個人物的思想和意圖，夢中對象的特點，亦直接表示客觀對象的特點。因此夢和夢意是一種同一關係。

比如，據說周武王曾經做過一個夢，夢醒之後非常高興。他的父親文王問他：「汝何夢矣？」他回答：「夢帝與我九齡。」意思是說，他可以活到九十歲。

周武王夢到神仙告訴他自己會活到九十歲，所以當有人詢問時，便直接告知對方，這就是一種直接解解夢境含義的方式。

直示法是一種最簡單的解夢方法，由於在這種方法中，夢境與它預示的人或事無論在形式上還是內容上都相同或相近，所以一般人都能掌握這種方法，可以也能夠來自我解

夢。有時候，如果夢境比較離奇，做夢者經驗不足無法自解時，一經解夢者提示他就能很快地領會其中的含義。

　　但是，「直解」很難對一些抽象、隱晦的夢做出合理的解釋，而且「直解」得出的結論一旦與未來的事實相悖，很容易造成「占而不驗」的結果，使占夢者失去迴旋的餘地。

　　除非占夢人對自己的結論有十足的把握，否則，他們一般都會採用轉示的方法。

# 轉示法如何解夢

轉示法即夢象經過轉換而表示夢意的方法，占夢者不會直接解解夢象的表面含義，而是會把解夢進行一定形式的轉換。在大量運用轉示法解釋的夢例中，原形材料進入夢境後發生了變形，所以就不能再根據夢象直接瞭解夢意，而必須考慮原形發生了什麼樣的變形和夢象如何構成的。只有把夢象還原為原形之後，才能真正弄清夢意。與直示法相比，轉示法十分複雜，它要求對夢者必須有全面的、系統的瞭解，特別要努力從意識層面深入到潛意識的領域。具體來說，轉示法可以分為象徵法、連類法、諧音法等多種。

## 一、象徵法

象徵法即把夢象作為一種象徵物，先轉換成它所象徵的東西，再根據所象徵的東西來解解夢的意思。在這一類夢例中原形已經沒有，只有它的象徵物。象徵物現在通常指必定能代表其他事物的東西。象徵物必定和原形是不同的，但形象上或性質上則有某種相似的特徵，因此才能用象徵物表示原形，以提示其意義。

運用象徵法解夢的起源也很早，這是因為兩方面的原

因：一來在某些特定的歷史條件和具體環境下，占夢者不便直接述說夢的含義，所以就採取了這種隱蔽、曲折的解釋方法，另一方面則是因為透過象徵法可以更好地解釋一些抽象的、不易述說的夢境。

象徵性的夢象、夢兆十分寬泛，例如《左傳·成公十六年》記載：

「晉楚戰鄢陵，晉呂錡夢射月，中之，退入於泥。」占夢者說：「姬姓，日也；異姓，月也，必楚王也。射而中之，退於泥，亦必死矣。」及戰，錡射共王，中目，王召養由基，與之兩矢，使射呂錡，中項，以一矢反命。

此處的日月象徵著尊卑內外，和一般的意義有所區別。日象徵姬姓，為尊者和內者；月象徵著異姓，為卑者和外者。占夢者根據當時的現實狀況，將夢中「射月，中之」，解釋為射中了楚王。「退入於泥」，又被轉釋為死亡的象徵，因為「入泥」和「入土」同。占夢者便認為呂錡定會不久於人世。

在中國傳統解夢書中，象徵性的占夢之辭觸目皆是，例如《新集周公解夢書》中，幾乎皆為象徵性占夢之辭，如夢見著青衣者，得官；夢見著黃衣者，大喜；夢見綠衣者，妻子有娠；夢見白衣者，主大吉等。這種象徵性占夢法不僅限於服飾，夢中出現的動物、植物、器皿、日月星辰、亭臺樓

閣，乃至人體器官等都可能具有某種象徵意義。

## 二、連類法

連類法即把夢象作為一種關聯物，先轉換成它所關聯的某種東西，再根據所關聯的東西來表示夢意。在這一類夢例中，原形也是不存在的，因為它已經轉化為與之相關聯的另一個東西，那個東西是它在夢中的替代物。

由於這種占夢法是以人們的生活經驗為依據的，因而比較容易為夢者接受和理解。在中國古代的夢書中，有很多「連類」的夢例，例如：夢見娥者，憂婚也；夢見灶者，憂求婦嫁女；夢得甑者，欲娶妻；夢見弓彈琴者，必得朋友也；夢見鞭策，欲有使也；夢見杯案，賓客到也。

中國一些少數民族在解夢過程中常常採用連類法，景頗族的男子歷來善於舞刀弄劍，而女子則一般會在家中做家務，所以景頗族人認為妻子在懷孕期間如果夢見槍、長刀之類，必生男孩；如果夢見鐵鍋、鍋架則必生女孩。

## 三、諧音法

諧音法即把夢象中的人或物作為某個東西的諧音，先轉換成所諧音的那個東西，再來表示夢意。語音可看做一種聲音的形象，諧音是利用聲音形象的相似性而發生的轉換。

《孟子·梁惠王上》中說：「民歸之由水之就下。」這裡借「由」通「猶」，表示「如同」的意思，在正常情況下

用「猶」字,如《史記・伍子胥傳》說:「今吳之有越,猶人之有腹疾也。」因此,當出現借「由」通「猶」時,我們就稱「由」為通假字,「猶」為被通假字。當某個字做通假字用時,它就具有了通假義。

中國古代諧音的夢例,大多同占夢迷信有聯繫,但我們從中可以對諧音方法有所瞭解。例如,「魚多」諧「餘多」,夢中「魚多」即表示豐收;「桑」諧「喪」,夢到桑樹,占夢者一般都會解釋為家中將遭遇喪事。

再如《南史》中記載了一則吉瞻夢見鹿皮的故事:

吉瞻,字梁容,馮翊人。嘗夢得積鹿皮,從而數之,有十一領。及覺,喜曰:「鹿者,祿也,吾當居十一祿乎?」自其仕進,所蒞已九,及天監二年進西陽、武昌二郡太守,心甚惡之,果遇疾,卒子郡。

在這個例子中「鹿」通「祿」,也就是官祿。

轉示法其實與文學中的修辭有很多相似之處,時常涵蓋了比喻、借喻等方法對夢進行解析。由於做夢者個人的文化背景、生活環境、性格特徵、人生經歷等有很多不同,所以夢境也會千差萬別,這使很多占夢者會採取轉示的方法來解夢,以避免因過於果斷的解釋而損害了自己的權威性,雖然有時未免牽強,但轉示法確實是既能自圓其說,又能為占夢者留有餘地的解夢方法。

# 反示法如何解夢

很多人做夢，都說夢與後來的事實相反，這種夢與現實的背離，正是物極必反的結果。反示法即從夢境內容的反面來解解夢意的方法，又稱為反兆法，夢凶為吉，夢吉為凶；夢見別人是自己，夢見自己是別人；夢中大笑則將遭不幸。大量的夢例說明，反夢與醒覺時的盼望、憂慮等情緒及睡夢中的體驗均有密切關係：寒則夢暖，饑則夢飽，病則夢醫，窮則夢富。諸如此類的案例頗多，所以用此法解夢常多能應驗。

反示法展現了陰陽解夢法中物極必反的道理，從辯證的理性的角度去理解，反示法其實是在提醒人們順境中不可忘形，逆境中不要氣餒。

反示法具有很深的群眾基礎，也就是人們常說的「夢是反的」，這種觀點雖不能解釋所有的夢境，但也有一定的道理，也可以從一個側面證明榮格提出的「夢具有補償作用」這一理論。

在《南史‧沈慶之傳》中記載了一個故事：南朝有一個叫沈慶之的人，他家境貧寒，已過而立之年依然一貧如洗。

一天晚上他做了一個夢，夢見有鹵簿（即儀仗隊）到自己家中，他未將這些人帶到堂屋，反而將他們引入了廁所。醒來之後，他非常後悔，自認為自己在夢中的行為太失體面，畢竟廁所這個地方實在太上不得檯面。

他心裡非常懊惱，於是就去找人解夢，占夢者聽後哈哈大笑，對沈慶說：「你必定大富大貴，而且在旦夕之間。」沈慶不解，占夢者又解釋說：「鹵簿即是富貴容。廁中，所謂『後帝』也，知君富貴不在今主。」

在這個故事中，沈慶之夢中的行為本失禮至極，若用直示法解釋，必定是不好的預兆，但占夢者卻從反面解夢，並且他的話後來果真應解夢。

再如宋人在《太平廣記》中曾經援引《紀聞》中的文字，晉陽有一個人夢到被老虎追逐撕咬，夢醒後驚恐異常，他的母親安慰他說：「人言夢死得生，夢想顛倒故也。」

正因為存在大量反示法成功解夢的案例，所以人們心中常習慣地認為「夢見拾錢將會破財，夢見哭泣為福兆」、「夢中大笑則將遭不幸」。但是，正確運用反示法的占夢者往往已經對做夢者的夢境、現實處境及心理做了詳細的瞭解。

所以，反示法不可千篇一律地套用，而必須因時因地因人而異，否則就可能對做夢者產生誤導。

# 性格法如何解夢

性格不同的人，常做的夢也不同。一般來說，夢中過得幸福的人，是內心真的幸福。夢中過得苦惱的人，白天的風光是假的，她實際上是一個不幸福的人。一個人內心的幸福與否，和外在的環境固然有關係，但是和內心的性格更有關係。夢展示性格，也展示對這樣性格的人來說，生活意味著什麼。

也有例外，有人白天的生活不好，夜裡用幸福美好的夢來安慰自己，就像賣火柴的小女孩一樣。她夢中的幸福生活並不表明她真的幸福。不過這樣的人，在白天也有好幻想、脫離現實的性格傾向。

有些人感到，夢中的自己和清醒時的自己性格相反。有的人醒時十分勇敢，而在夢中卻謹小慎微或膽小怕事。有的人醒時十分善良，而在夢中卻仇恨別人。夢與現實的不同是由於：也許醒時的自己是偽裝，夢中的才是真相。一個怯懦的人，也許會刻意讓自己顯得勇敢，也許為了克服自己的怯懦故意去冒一些不必要的風險。

夢者不必在日常生活中刻意去勇敢，以免增加心理壓力，

應選擇一個適宜於自己的生活方式。例如錢鐘書是一個優秀的學者，生活也很幸福。但是讓他去做軍人或做商人，也許他的膽魄或能力就顯得不足。你也許正宜於做學者，就不必去做商人。

再有，夢與現實中性格相反也許是由於夢在提醒夢者，你的性格過分向某一方向發展了，現實應發展一下性格另一面了。例如，勇敢已足夠了，該學習如何謹慎了。善良是好的，但是也要正視自己對別人還有仇恨這件事等等。

假如唐僧夢見自己揮棒打死了一個妖怪，這也許是說他該發展一下性格中對惡的威力，而不僅僅是以軟弱的善感化妖怪。

# 影射雙關法如何解夢

夢的技巧是很難說盡的,太多了。幾乎凡是醒著時候人會玩弄的方法,夢中的人也都會玩。文學中玩弄的方法,夢也都會玩。

這裡大致列舉一些。

**一、找藉口**

要什麼不明說,找一個藉口,比如想有個男人愛卻不明著夢,就夢見孩子,似乎她是為了孩子才需要結婚的。

某女生夢見一個人滿身傷痕躺在病床上,腳又細又長。她不顧一切走了進去,並且當眾握住了他的手。

夢者前幾天看過一個生病的親戚。當時他躺在病床上,醫生不允許她進門,她只在門口望了一望,看到親戚的腳又細又長。在夢裡她把這雙腳移到了另一個人身上。意義是希望這個人和那個親戚一樣生病住醫院。夢者坦率承認:她很想和夢中人講話,但是總鼓不起勇氣。於是她讓他在夢中傷病在床,這樣她就有了理由去見他、幫助他,不顧一切衝過去握他的手。這種癡情很感人。

**二、影射和雙關說一件事,但實際上意指另外一件事**

說一個意義，在此之後還藏著另一層意思。話裡有話，這也是夢裡用的花招。比如睡前吃過鹹的東西，結果夢見喝水。這看起來毫不希奇。但是細分析下去，也許夢用喝水來表示「渴望」什麼事物。

### 三、以形象表示字詞

例如，夢見一個獨腿的人躺在暖氣旁邊。夢者解釋說，有了愛的溫暖，他就能站起來。至於獨腿站著，那表示「獨立」。

在中國古代關於夢的記載中，這種夢很多。例如說《三國演義》中的魏延夢見頭上長角，有人解釋角字可拆開為「用刀」兩字，說頭上用刀是不吉的象徵。

還有人夢見站在槐樹邊，有人解釋為樹木邊站著的鬼。即這個人不久會死。因為槐是由木字和鬼字組成的。中國古代對夢的看法是有迷信在內的，認為夢的作用是預兆未來。但是這種用形象講字的方式卻符合夢的規律。

讀者請注意，看這些古代夢記載，最好採用姑且聽之的態度。因為其可靠性很差。當代也有類似例子，有一本書中舉例說，一個高考考生，雖然考試成績不錯，但總擔心能否被錄取，於是夜裡做夢夢見一個小孩右邊又長了一個耳朵，待一會兒又發現小孩沒有手臂。那個解夢者解釋說：耳邊又生一耳解夢「耳」「又」兩字，合起來為「取」；小孩是

「子」，「子」無臂是「了」，夢的意思是「取了」。

我相信夢會用這種方式顯示「取了」兩字，但是，這是否是一種預兆呢？未必！也許這只是他的一種願望而已，也許是他潛意識的判斷。

**四、用空間代表時間**

夢中有時用空間關係表示時間。例如夢見人都很小，如同看遠處，也許表示看久遠前的事情，但這種用法較少。

**五、提示法**

這是一種十分重要的方法，只可惜難於舉例。簡單說來，就是用一個與本身無關的形象提示一件事情。例如佛洛伊德夢見他寫一本關於某種植物的書。如果你問植物象徵什麼？也許在此夢中它什麼也不象徵，但是它提示佛洛伊德一些事，包括他確實寫過一篇關於植物的專論，是談古柯植物的。這篇專論促使另一個人研究此植物從而發現了古柯植物含有麻醉作用的古柯鹼。還有幾天前他發現一本刊物上寫古柯鹼的發現時，沒有提到佛洛伊德的功勞。

這裡所謂植物學的書實際上只是一個提示，一個引子，目的在於提示他自己記住這件與古柯植物專論有關的事，特別是與之有關的情緒，即一種自傲以及對不被承認的不滿。如果夢用了提示這種技巧，那我們只能用「聯想」法才能破譯了。

# 情志心態法如何解夢

科學的夢境解析，可以從夢境中檢索出人現階段的心理狀態和情緒信號，從而揭示你在清醒狀態下不易察覺的感受，使人得以有目的地調整自己，保持良好的心理狀態。

以下十個夢，反映出不同的心態。

**一、圍牆**

夢見圍牆，表示你有心結，正為某事不知所措。在圍牆邊尋找出口，表示你正設法清除心理障礙。

**二、化妝**

打扮自己，反映的是隱藏自我的心情。例如，為了見來探望的母親而濃妝豔抹，表示有不願意讓雙親知道的事；相反，脂粉未施外出而覺得羞於見人，表示有自己無處隱藏的缺點。

**三、飛**

反映的是想從生活壓力中獲得解放，或想靠自己的實力克服困難的心情。與異性一同在空中遨遊，表示你想解除壓力。浮游低空中，有雙腳不能著地的恐懼感，表示你對不能施展自己的能力很焦慮，同時說明你缺乏自信。

### 四、談話

在夢中，感覺、思考均被用來當做表現手段。夢中與人交談，表示思考的過程。與人意見分歧，表示尚未理清思緒，對事情深感煩惱，要在兩個事物中選擇其一，卻遲遲無法決定。與談話對象取得共識的夢境，表示對自己想法的確認。

### 五、衣服

穿著不同服裝會表現出不同的心理狀態。例如，平時不穿黑衣的人，在夢中以黑衣姿態出現，表示你對生活缺乏信心，正期待走出低谷。做上衣與裙、褲顏色不協調的夢，暗示你心中對立而矛盾的情感。

### 六、檢票口

檢票口、入口處等地，意味著你在承受社會的重重壓力。在接近檢票口前找不著車票，或因未買到去目的地的車票而心驚肉跳，表示你社會經驗少，對自己毫無自信。同理，暢通無阻地通過檢票口，表示你希望自己比想像中更成熟，同時渴望別人的認同。

### 七、海外旅遊

表示對未知的一切懷有憧憬。例如，海外旅遊，本來能與外國人順暢地交流，卻突然聽不見對方的聲音，與人無法溝通，暗示你對不可預料的未來懷有恐懼。再者，前往非洲

那樣的未開發國家，與其說是旅行，倒不如說是探險，這個夢表示你有強烈的好奇心。

### 八、污水

表示你對曾經的所作所為非常懊惱。例如，用污水洗衣，無論如何也不能洗乾淨，代表著你極力挽回過去，但又沒有足夠的信心彌補。

### 九、趕車

在夢中，通常你會因遲到而錯過了車次，表示你對能否把握現時的機會沒有足夠的自信，或對眼前的某些事物感到非常焦慮。

### 十、旅館

做住旅館的夢，表示你正對某個事物或人產生濃厚的興趣，有好奇心，想冒險嘗試。進入富麗堂皇的旅館，表示你急於滿足自己的好奇心和冒險心。

透過情志心態法，可以順利地找到夢的根源，讓你清楚地瞭解自己的現狀，從而不被夢境所困擾。

# Chapter3

## 催眠的幫助

SURREAL DREAM: THROW OVER ALL THE LOGIC

# 掀起催眠術的「蓋頭」來

催眠是以人為誘導（如放鬆、單調刺激、集中注意、想像等）引起的一種特殊心理狀態，其特點是被催眠者自主判斷、自主意願活動減弱或喪失，感覺、知覺發生歪曲或喪失。在催眠過程中，被催眠者遵從催眠師的暗示或指示，並做出反應。以一定程式實施暗示，使接受暗示者進入催眠狀態的方法就稱為催眠術。

催眠開始於一種暗示感應，它是改變意識控制水準的一組最初的活動。借助它，能使受暗示者對外部的注意力分散減到最小，並只集中在暗示的刺激上，相信自己正進入一種特殊的意識狀態。這裡，暗示感應包括想像特定的經驗，或對事件的反應進行視覺化。重複地進行這種暗示感應活動，會使感應程式暫時固定下來，就像個人生活習慣一樣，使受暗示者很快進入催眠狀態。

典型的暗示感應程式會使人進入深度放鬆狀態。例如，催眠表演給人留下的深刻印象，實際上不在於催眠師的力量，而在於被催眠者的可暗示性。個體之間存在可暗示性上的差異，從根本沒有反應到完全有反應。

　　在我們的日常生活中，是不是經常有這樣的事發生呢？當我們聚精會神地看一部電視劇時，會不知不覺地沉浸於劇中情節，心情隨主人公的悲歡離合而時喜時悲；有時清晨來到辦公室，本來精神颯爽、心情愉悅，過了一會兒卻變得煩躁不安；到商場逛街購物，回家一看，有很多東西都是可有可無的，連自己也不知道為什麼買了這麼多沒用的東西，浪費了很多錢……我們對這些現象無不感到莫名其妙。然而，從心理學角度來看，這是人們受到暗示作用的結果。

　　的確，在現實生活中，當我們被某些東西連續、反覆地刺激，尤其是言語的誘導，會使你從平常的意識狀態轉移到另一種特殊的意識狀態，而在這種特殊的意識狀態下，將比平常更容易接受暗示。

　　也有人認為，催眠狀態猶如聚精會神做某件事的情景。正如哈佛醫學院催眠專家弗雷德・弗蘭克所說，催眠術只是將人們分散在各處的精力和思想聚集起來，這並不是處於昏迷狀態，也不是處於睡眠狀態，而只是像當你聚精會神地沉浸在一項工作中或閱讀一本小說時，幾乎難以聽見別人對你所說的話一樣。

# 催眠術的作用有哪些

催眠對人體生理活動、心理及行為狀態，都會發生深刻的影響。當個體接受催眠後，不但可以改變隨意肌的活動狀態，而且也可以影響不隨意肌的功能。那麼催眠術具體有什麼作用呢？

**一、治療身心疾病**

催眠對心理失調所引起的生理症狀有非常好的效果，只要運用催眠幫助病人從心理障礙釋放出來，就能使生理疾病痊癒。根據醫學界的研究報告，催眠對於十二指腸潰瘍、食欲不振、高血壓、偏頭痛等，都有很好的治療效果。

**二、幫助患者止痛**

有些人由於對麻醉藥物敏感，不能使用藥物麻醉，這時候，催眠是值得考慮的方法。在美國的婦產科、牙科，有許多催眠止痛的成功案例。催眠的確可以提高我們的忍耐疼痛的能力。在深度催眠中，催眠師可以用針去刺受術者的手腿，而對方毫無感覺。其實，痛不痛是由我們自己來決定的，這是一個非常重要的大發現！我們的感覺，其實是由我們的看法來決定的，我們的心靈具有驚人的神奇力量！

### 三、治療失眠

許多失眠的人，越想睡著，反而越睡不著。催眠可以幫助我們很快達到身體與心理的放鬆，自然而然就睡著了。

有些人習慣吃安眠藥來幫助入睡，但是，大家都知道，安眠藥雖然可以使人入睡，可是並不能睡得很熟很沉，往往睡了很久，第二天醒來以後還是有睡不飽的感覺。而使用催眠來幫助睡眠，可以說是毫無副作用，而且效果是最好的。

### 四、幫助改正不良生活習慣

我們可以運用催眠後暗示的技巧，將一些正面的信念輸入當事人的潛意識裡，例如在催眠中告訴他：以後，當你聞到香菸的味道，你會感覺到這種味道很臭，你一點兒也不會想把它吸到你的肺裡……

或者，對想減肥的人，我們可以在催眠中告訴他：從今天起，你會開始喜歡吃天然健康的食物，你將會每天做運動，來燃燒掉你體內多餘的脂肪，當你已經吃了足夠身體所需的食物時，你會非常敏銳地不再想吃東西了。

### 五、提高記憶力

有一個實驗報告，有一次，在催眠狀態下，讓一個只有小學學歷的人背誦整部的莎士比亞的戲劇哈姆雷特，在催眠狀態中，他背出來了。

催眠師指示他，等他醒過來之後，他會忘記，果然，他

醒過來以後，一個字也不記得了。可是，過了一個禮拜，再催眠他，他又可以在催眠中一字不漏地把整部戲劇又背誦出來。

### 六、增強自信，勇敢面對考驗

例如，我們可以對業務員催眠，告訴他：你可以從業務活動中感受到許多樂趣。不管你遇到哪一種客戶，你都能夠應付得很好。你這個月的業績一定可以突破最高紀錄！這樣，對他就會有很大的幫助。

### 七、讓身體處於放鬆狀態

催眠可以幫助我們放鬆，不再被壓力、焦慮、悲傷、挫折感等各種負面情緒所影響。只要身體一放鬆，你就會覺得心裡也跟著放鬆，這是一個非常簡單的道理，但是，大多數的人都很容易忽略掉讓自己的身體處於放鬆狀態的重要性。如果你常常讓身體很放鬆很放鬆，你一定會長命百歲的。

催眠術本身是一種非常安全的心理調整和治療技術，只要施術者規範操作，不會對心理和生理健康產生不良影響。即使催眠後有感不適，也能在下一次催眠中得以解除，不會給受術者留下「後患」。當然，由於催眠術的特殊性，在實施催眠，特別是帶有心理治療和訓練內容的催眠時，應該由接受過專業訓練並有實際經驗的催眠師實施催眠。

# 夢為何會從記憶中悄悄溜走

有人總說自己睡眠很好，從來不做夢，其實，事實並非如此，他們只是將自己的夢境遺忘了。

為什麼有些人幾乎每天早上醒來都記得他所做的夢，而其他一些人則自稱一月、一年只記住一次，甚至從未記住過他們的夢？

據研究表明，人們在每晚正常睡覺時，經歷的快速眼動週期（做夢週期）的次數並無不同，因而「沒有夢的人」同「有夢的人」在實驗中被喚醒時幾乎有一樣多的夢，即夢的活動方面的明顯、廣泛的差別比夢的頻率方面的差別要大得多。

常常有人以為醒得晚的人，比那些通常被一種突然刺激如鬧鐘喚醒的人更能回憶起夢。事實上正相反：被大聲吵鬧突然喚醒比被柔和的哨聲慢慢喚醒會產生更多的回憶，這表明，在睡著和完全醒來這段時間中，夢很快地消失掉了。因此，被突然叫醒的人比其他慢慢醒來的人更容易抓住夢。

有人認為，夢的回憶與忘卻是由夢者熟睡的程度或醒來方式來區別的，但是一個更確切的說法是，這是夢者個性心

理學特徵的不同表現。根據研究，不善憶夢者在夢中的每秒快速眼動數目要比善憶夢者更多，這表明不善憶夢的人做的夢更加活躍。但是他們的夢卻從記憶中溜走了。這其實是因為，不能回憶起夢的人只是不願記起他們的夢，而他們在日常生活中也習慣避免或拒絕不愉快的經驗和憂慮。

根據心理測試的資料顯示，不能回憶起夢的人，總的來說比能回憶起夢的人更受抑制、更守規矩、更善於自我控制；而能夠回憶起夢的人，往往對生活更加憂慮，更容易表現出常見的急躁和不安等感情擾亂。願不願正視生活的這種特徵，被稱為自我覺知（它顯示了對人生內在、主觀方面的興趣）。它就是善憶者和不善憶夢者之間的關鍵區別。

榮格曾對人的性格進行兩種分類，外向型性格的人更多地參與外部世界，較少關心內在生活。內向型性格的人精力主要是指向內部的。而夢的回憶的高低是與做夢者各自性格的外向化和內在化的程度緊密相連的。

不能回憶起夢的人「抑制」他們的夢，即他們「有意地」把所有對夢的記憶從有意識的知覺中驅趕出去，因為它們包含了煩惱的思想和願望。人潛意識中的性願望和進攻性願望，在清醒時的生活中無法直接表現出來，因為這些欲望與自我設定的道德規範相悖，因此它們只能在夢中尋求替代性的滿足。

在夢裡，抑制機制普遍而自動地偽裝這些不能接受的願望，以致我們從不覺察它們。然而有時候這種偽裝非常淺薄，在這樣的情況下，我們使用抑制來驅散所有夢的記憶。從這種意義上理解，不能回憶起夢的人比能夠回憶起夢的人更加受抑制。他們比起那些利用夢來達到進一步成長和自我認識的、更勇敢的同伴來，會更多地忘卻那導致焦慮的夢生活。

許多不能回憶起夢的人甚至記不住被偽裝的夢的原因是，他們害怕深藏的恐懼透過解釋的方法被揭示出來。當潛意識不想展現某些人格時，它就會透過夢的抑制表現出來。夢的抑制會發生在醒來之前，或者就在醒來的一瞬間，從而導致這個夢完全被忘掉或者僅僅留下乏味的碎片。

佛洛伊德曾發現他的許多病人在診所裡細述一個夢時會突然停頓，然後回憶起先前忘卻的一部分夢境。他認為這些被忘卻的片斷比能記住的部分更為重要。他寫道：「常常是當一個病人敘述一個夢時，一些片斷完全被忘卻了，而忘卻的部分卻恰好解釋了為什麼它會被忘卻。」

佛洛伊德相信一定程度的壓抑會使夢從記憶中消失，但是實際情況也並非完全如此。因為忘卻夢的趨勢幾乎不可能抵制，即使是那些開放意識和自我意識極強的人也做不到。即使夢在醒來時被暫時地記起了，但是一旦這個人開始打瞌

睡，這個夢馬上又消失了。雖然快速眼動階段的證據表明，在一夜中的七、八個小時的睡眠時間裡，一般人會做四、五個夢。但即使是最愛做夢的人，在第二天的早上也無法回憶起四、五個夢。事實上這個證據表明，絕大多數的夢從來都不能被記住，只是僅僅留下一些片斷而已。

這種夢的忘卻應該與大腦的生理機制也有一定關係。證據表明，每次的快速眼動活動都不會持續很長，以致能構成一個強烈的夢記憶痕跡，延續到快速眼動階段結束之後。

夢從記憶中溜走的步驟，先是變成碎片，後來完全消失。當一個夢者從快速眼動階段被喚醒時，他幾乎總能報告出一個生動的夢。如果他在該階段結束後五分鐘被喚醒，就僅能抓住夢的一些片斷。如果過了十分鐘被喚醒，夢幾乎完全被忘掉了。僅僅依據報告一個夢的話語的數量，就可以見到一種直接的、戲劇性的遞減傾向。

因此，很明顯，除非夢者在快速眼動階段被喚醒，否則他很可能忘卻在此階段有過的心理內容。許多日常的回憶可能得自夜間最後一個快速眼動階段中自發醒來之時，由於我們一般夜間醒來的時間並不長，所以一個自然的忘卻過程就發生了。

一個有趣的現象是，那些在臨睡前給人的暗示常常會以某種神祕的方式發生作用。例如，人們幾乎總是能在沒有鬧

鐘的情況下，在一定的時間醒來，只要給自己下達了這樣的
指令。

在一個更廣泛的環境中，任何經過心理治療的人都知道，
如果夢者本身希望記住夢境，夢的回憶便會有一定程度的增
加，這是透過與導致夢的記憶溜走的自然的生理過程的鬥爭
來激發夢的回憶。這種生理鬥爭，有時也有利於導致壓抑的
潛意識的心理過程的鬥爭。總之，如果你願意，可以挽留住
夢的腳步，雖然，無法將其完全留住。

# 如何運用催眠法解夢

　　催眠是以催眠術誘使人的意識處於恍惚狀態下的一種現象，處於催眠狀態下的人面部表情與人的睡眠狀態時的表情類似，可出現暗示性的夢幻覺或夢幻想。催眠狀態由於更能接近人類精神恍惚狀態，意識顯然存在，但自發的意識活動幾乎全無，處於萬念俱空的心境中，使之對任何暗示都不會感到矛盾，會不加批判地接受，而在清醒狀態情況下的人則會對來自任何方面的暗示都帶有批判色彩地接受。

　　與睡眠不同的是，在催眠狀態下的人的意識並沒有完全消失。他能聽懂並接受施術者的暗示，而且當施術者在他處於中淺度的催眠狀態向他提問時，他能「迷迷糊糊」地準確回答問題；最後是在不加暗示誘導時，他的聽覺、溫覺、痛覺等感覺都不會出現反常現象。

　　在催眠實驗研究中，人們發現能使人產生催眠作用的大腦主要是右腦，而人的右腦中恰恰是產生夢境的發源地。

　　利用催眠術，可以將正常人導入深度催眠狀態。這時，給對方一個暗示，他馬上就能呈現出做夢樣的心理活動，甚至比做夢時的表現更生動。

他不但有表情，會哭或笑，而且會配合各種行動和符合理性的語言，一問一答地進行著「夢」──催眠夢。催眠術能讓人真正地做到「白日夢」。這個夢從精神分析的觀點去看，顯然具有象徵性意義。

因為，在催眠狀態下，人的意志力減弱，監督和防範意識也被減弱了，人們在催眠狀態下失去自我批判能力，潛意識的東西當然會溜出來，而表現於被催眠者當時的行為和語言之中，這是與催眠夢的差別。

熟睡時，潛意識的願望出現在夢境裡，而能由做夢者講出來，讓分析家們進行分析。這是一種間接的方法。催眠夢則不然，它能被施術者直接觀察到和聽到。

催眠術能使人退化，受術者夢遊著退化到幼兒時期，這時他做著孩提時的夢，將當時的經驗再現出來。這一點在精神分析看來尤為重要，但每個人不太可能都在睡眠夢中重現幼時的經歷。當然幼時的感受會出現在每個人的夢裡，只是它早已偽裝過了。而利用催眠術退化所得來的知識卻不同。

它能發揮出超常的記憶力，而將覺醒時被意識認為早已遺忘的事情和感受重新回憶起來，在催眠狀態下夢遊式地展現在我們面前。

找到了心理矛盾，自然可以透過暗示在患者覺醒以後也能意識到當時的感受，這樣一來病症也就沒有了。催眠夢是

直觀的，一目了然於醫者面前，重現著往日的經歷。它沒有偽裝，將潛意識的東西直接暴露於我們面前。

當然，有時候來源於意識的抗拒作用相當巨大，所以催眠夢往往以象徵性意義展現在我們面前，需要我們做深入細緻的分析才能有結果，但不論怎樣，催眠夢比從睡眠夢得來的知識更深，也更容易讓醫者接觸到他的過去，起碼治療時間會大大縮短。

# 實施催眠解夢
# 需要哪六個步驟？

用催眠的方式解夢，需要解夢者讓夢者完全信任，並令他進入睡眠狀態。那麼，需要哪些步驟呢？以下列舉一些，以做讀者的參考。

**一、詢問解疑**

瞭解被催眠者的動機與需求，詢問他對催眠既有的看法，解答他有關催眠的疑惑，確定他知道等一下催眠時哪些事情會發生而沒有不合理的期待。很多時候，催眠師可能要花點時間做個催眠簡介，因為大多數人對催眠的瞭解很少，這很少的瞭解中又大部分是誤解。

**二、誘導階段**

催眠師運用語言引導，讓對方進入催眠狀態。一般而言，常用的誘導技巧有眼睛凝視法、漸進放鬆法、想像引導、數數法、手臂上浮法等。

**三、深化階段**

深化即是在誘導放鬆的過程中進一步入靜。這時，可以提醒被催眠者在腦海中重複回憶某句話或某物，或者想像著某種可以使自己大腦平靜下來的場面。比如，被催眠者想像

著自己處在一個充滿人群或商店的大廳中，隨即踏上升降梯，飄飄然來到另一個四周安靜無人、光線柔和的地方，彷彿這裡除了自己以外再無別人，在這裡，身體一會兒漂浮，一會兒下沉，直到達到理想的深度。或者，被催眠者想像自己沐浴在毛毛細雨之中，雨珠輕輕地從自己頭上往下淋，身體逐漸漂浮起來，若有若無，好似進入美妙的仙境。

**四、指令**

指令也就是為達到某一目的而不斷地重複某一字句，或者，告誡被催眠者平時意欲去做而又難以做到的事。比如，被催眠者想減肥，想使自己達到理想的體形和體重，這時，你可以指令被催眠者想像自己站在一面大鏡子前，在鏡子裡，可以見到自己煥然一新的、十分理想的形象，你不斷地向被催眠者加重語氣：「如果我達到了那種理想的體重，會顯得更精神、更美麗。一旦我體內的營養夠了之後，我就不會再有饑餓感，不再多吃東西了。這樣，我就會保持美好的體形和充沛的精力……」然後讓其對夢境進行回憶和敘述。透過提問，對夢境進行解析。

**五、甦醒**

甦醒就是從恍惚中復甦過來。儘管一般人從恍惚中復甦過來不會太困難，但專家們還是告誡人們，在催眠一開始時，就應想好怎樣復甦。可用磁帶作催眠、指令、復甦，或

者事先準備好一個鬧鐘或計時器之類的東西，以免進入「沉睡」。還可以採用自我復甦的方法，心裡想著：當我慢慢地從一數到五時，我便會從恍惚中甦醒過來。數一時，我身上的肌肉開始復甦，和清醒時一樣；數二時，我就能聽到四周的聲音；數三時，我的頭可以漸漸抬起；數四時，我的頭腦越來越清醒；數五時，我便可以睜開雙眼，復甦如初了。

### 六、恢復清醒狀態

當催眠師完成了一次施術活動後，一項必須做的重要工作就是將被催眠者由催眠狀態恢復到清醒狀態中來。在這一步驟中，需要注意以下一些問題。

無論被催眠者到達何種程度的催眠狀態，或者甚至是乍看上去幾乎沒有進入催眠狀態，恢復清醒狀態這一步驟都是必不可少的。這一點至關重要。

在使被催眠者恢復到清醒狀態之前，必須將所有的在施術過程中下達的暗示解除（催眠後暗示除外）。例如，催眠師若在催眠過程中下達了被催眠者的手臂失去痛覺的暗示，而又不解除，那就會給被催眠者帶來很大的麻煩，甚至是不必要的痛苦。

在被催眠者清醒以後，有些人可能會有一些輕微的頭痛、噁心的感覺，甚至極少數人還會有一些抑鬱等不良反應。一般來說，這些感覺很快就會消失。如一段時間後仍不能消失，

催眠師可再度將其導入催眠狀態，對上述症狀予以解除。

　　在被催眠者清醒以後，催眠師與被催眠者的談話中應以下面暗示為主，即暗示被催眠者各方面感覺都很好，不會有什麼不適的情況。

　　即使有，也會很快消失。若因催眠師本身自信心不強，反復問被催眠者：「你真的醒了嗎？頭痛嗎？」這種帶有高度消極暗示性質的發問，反而會誘發被催眠者的種種不安、恐懼的心理。

# 催眠解夢的
# 三種狀態分別是什麼？

　　從進入催眠的深淺程度看，催眠有淺度催眠、中度催眠和深度催眠三種狀態。一個完整的催眠通常要經歷從淺度催眠到中度催眠，再到深度催眠的過程。但在實驗中，有的催眠過程可能只停留在淺度催眠狀態，也有的催眠過程可能經歷從淺度催眠到中度催眠的狀態，還有的催眠過程則依次從淺度催眠、中度催眠到深度催眠一一經歷。

　　淺度催眠現象在我們日常生活中很常見，如「發呆」、「走神」等，兒童「發呆」如不被驚醒而任其發展下去的話，有時容易進入睡眠。成人「發呆」到一定的時間，即使沒有其他刺激原因，一般都能自然覺醒。

　　淺度催眠狀態的主要特徵是運動支配。在這一階段，催眠師可自由支配被催眠者的肌肉運動。如被催眠者坐在椅子上，兩手放於膝蓋上，催眠師暗示道：「你的手將慢慢從膝蓋上滑下去。」被催眠者往往會依言而行。

　　淺度催眠狀態中的被催眠者雖然肌肉、動作被控制，但他們仍保持著較高的認識能力與判斷能力。

　　從記憶方面來講，即使催眠師讓被催眠者全部忘記催眠

Surreal **Dream** : Throw Over All The Logic

過程，但被催眠者仍能回憶起被催眠師的情境和感受。

在淺度催眠狀態中最突出、最典型的表現是觀念運動，這是經由催眠師的暗示誘導，被催眠者在觀念上的運動引起實際上的運動。這種實際上的運動又進一步加強了原來的觀念運動。就這樣互相作用，越來越強烈，導致被催眠者的受暗示性越來越強，注意力越來越集中，最後進入催眠狀態。

淺度催眠狀態以後，如果進一步引向深入，就會出現一些特定的生理反常現象，我們就說他已經進入中度催眠狀態。此時，受術者處於神情恍惚的狀態，他的認識能力、判斷能力、分析能力已經顯著降低，幾乎是完全聽命於催眠師的指令，就像一個機器人一樣。

在中度催眠狀態中，受術者在知覺方面的變化表現為：

**一、感覺過敏**

感覺過敏是指由於受術者注意力高度集中，所以對催眠師的暗示相當敏感，由此引發某些感覺也變得特別靈敏，超過了正常的感覺能力。例如，在一般狀態下，手錶距離自己四～五公分就聽不見滴答滴答的聲音了。但是在中度催眠狀態下，把手錶放於距自己兩公尺遠的地方，一樣能夠清楚地聽見滴答滴答的聲音。

**二、幻覺和錯覺的產生**

幻覺是指感覺到實際上並不存在的事物，而錯覺是指對

客觀事物不正確的知覺。

　　在中度催眠狀態下，受術者經由催眠師的暗示，可在聽覺、視覺、嗅覺、觸覺等感覺上產生幻覺和錯覺。例如，催眠師暗示說：「蔚藍的天空中飄著幾朵白雲，美極了！」如果受術者真的能看見藍天和白雲，那麼說明已經產生幻覺。如果將水當成飲料喝下，這就是一種錯覺。

　　**三、痛覺消失**

　　在中度催眠狀態中，如果催眠師暗示受術者身體的某一部分痛覺消失了，特別是在語言暗示的同時加以撫摸，受術者的痛覺就會基本或完全消失。無論你採取任何手段，如掐、撓、針刺等都不能使他有痛感。

　　對於手術和分娩來說，不僅能透過催眠術使痛覺消失，且能消除患者的不安情緒。

　　**四、個性變換**

　　這裡所說的個性變換主要是指代表個性的某方面發生變換，如趣味、嗜好、癖性、愛情、厭惡、輕蔑等個性的組成是根深蒂固的，催眠術所要改變的僅是其中的一兩個組成部分。但是覺醒後多半仍會恢復原來的個性。要想在覺醒後繼續保持效果，一方面要多次進行催眠，二是不能靠簡單的暗示來完成，而主要是靠催眠分析，以消除其產生不良個性的原因。

中度催眠狀態是最重要的一個狀態，百分之九十以上的催眠效果都是在這一狀態中進行的。中度催眠狀態進一步發展，就會進入深度催眠狀態，在此狀態中，受術者的意識已極度縮小。

注意力已達到了最高度的集中，除了聽覺能接受施術者的暗示外，其他感覺幾乎全部消失，面部表情呆滯、毫無生氣，就像沒有了魂的空殼一樣，這時他絕對服從施術者的指令。

在深度催眠狀態中，受術者的典型表現是：

**一、記憶的變化**

受術者進入一定的催眠深度後，記憶的情況就發生了變化。一方面是暗示使他的注意力集中後，對當時的記憶能力或回憶往事的能力會明顯提高。例如，對於課文或英語單詞，平時背記很長時間才能記下來，現在只需看一兩次就能記下來了。另一方面的變化就是記憶喪失，當受術者進入深度催眠狀態並覺醒後，基本上是無法回憶起催眠過程中所發生的任何事情，呈完全性遺忘。

**二、年齡倒退**

確切地說，就是「年齡縮小」，回到兒童，甚至幼兒時期。我們前面講的「年齡倒退：回到孩童時代」一節即是這種現象的反映。

### 三、人格變換

在深度催眠狀態中，能夠使受術者的人格轉化為他人的人格，甚至轉化為動物。譬如，催眠師暗示他是演員，受術者就像演員似的，一會兒表演哭，一會表演笑；如果暗示他是個演說家，受術者就像演說家一樣，佇立在講臺上滔滔不絕；如果暗示他是條狗，受術者就像一隻狗一樣，汪汪地又叫又跳……

一般來說，如果不是為了治癒大部分身心疾病和潛能開發，是沒有必要將受術者導入這種深度催眠狀態的。

# 暗示在催眠過程中
# 是如何發揮作用的

催眠現象是暗示的後果，其主要提倡者是法國著名醫生貝恩海姆教授及其追隨者。該學說在催眠學說中佔據了重要的地位，是迄今為止最有影響力的催眠理論之一。

這種學說認為催眠狀態是一種暗示性睡眠，催眠法主要是使用暗示。所謂暗示性，就是一個人的意志暗示對另一個人的意志產生影響的傾向。暗示是一種觀念活動的外在表現，即把旁人所暗示的觀念接受過來，並實現於自動的動作之中。所以，這種學說認為，催眠現象必定是暗示的結果，沒有暗示就沒有催眠現象。眾所周知，暗示是一種普遍的心理現象。很明顯，根據「催眠現象是暗示後果」的觀點，催眠現象也是一種心理現象。

這種學說把暗示視為催眠的關鍵所在，該學說對暗示有兩種截然不同的解釋，並認為存在著兩種不同的暗示感受。

一種為狹義的暗示感應，即人們由於受到某種特定的外界事物刺激而產生的感應。例如，你的親朋好友辦喜事，邀請你前去祝賀，然後你進入這種喜慶的氛圍之中。假如你是赴殯儀館參加追悼會，必定會覺得心情沉重。又如，你在電

影院裡看電影，當看到劇中人的悲慘遭遇時不禁潸然淚下；當看到無辜善良的人們遭受迫害時，會感到怒火中燒；當看到劇中人忠孝節義之舉，則會肅然起敬；當看到有情人終成眷屬時，也會有欣慰之感。

另一種為廣義的暗示感應，即對各種可能接受到的外界刺激，在精神上產生一種感應。也就是說，凡是人世間的各種刺激，無論是眼睛看到的，鼻子聞到的，耳朵聽到的，手觸摸到的，還是口中嘗到的，都是一種暗示，人們對這些暗示都會產生一種感應。

在催眠過程中，催眠師透過暗示誘使被催眠者進入催眠狀態；然後又利用暗示使被催眠者在不知不覺中按催眠師的意思表現出種種狀態。舉個例子，催眠師暗示說：「你現在開始笑吧！笑夠了，就繼續哭吧！」被催眠者果真按他的意思開始笑，笑了一段時間後又開始哭。又如，被催眠者身患歇斯底里症，痛苦整天折磨著他，催眠師暗示說他的病已經完全好了，病痛也完全消失了，現在跟正常人一樣，被催眠者醒來後，果然病已有好轉，病痛也漸漸消失了。

# 催眠的過程就是
# 角色扮演的過程嗎

　　沙賓認為，角色是由催眠師的指示或暗示導演的，根據這些指示或暗示，被催眠者知道該如何扮演這個角色，該如何去行動。沙賓強調，被催眠者並不是有意裝扮某種角色去矇騙別人，而是漸漸地進入角色，全神貫注於某一狹隘的意識領域以致失去現實的自我意識。

　　他比喻道，一個演員在扮演一個角色時，或哭、或笑，都需要他集中去注意體驗這種情感。當他沉浸於這種情感時，就有可能失去自我意識。即便是一般的人們，當他們在看電影或讀小說時，也常常會沉溺到故事情景中去，願意隨著製片人或作家的引導去幻想，去體驗。沙賓認為，被試者若想在扮演被催眠者這一角色方面獲得成功，主要基於以下五個因素：

　　一、角色知覺，即對催眠師要求體驗的角色行為的理解。

　　二、自我角色一致，即自己的一些行為方式、思想方法與被催眠者的角色相吻合。

　　三、角色期望，即他對自己處於被催眠情境下的角色的期望。

　　四、對角色要求的敏感性，即對催眠這一事實的認識，能對催眠師的暗示做出反應。

　　五、角色扮演技能，如豐富的想像力。

　　沙賓以大量的實驗研究證實了自己的理論。他對一些擅長於演戲的人和不太會扮演角色的人進行催眠，結果表明，那些會演戲的人，能根據催眠師的指令去想像，去體驗，將自己沉浸在劇情之中，忘卻了自我，表演了催眠師所導演的催眠現象。而另一些不太會表演的人，則難以進入劇情，就不容易做出催眠師所要求的催眠反應。

　　自二十世紀五十年代沙賓提出了他的角色理論至今，催眠學家們曾多次重複了沙賓的實驗，基本上都能證實他的結論。因此，催眠的角色理論在整個催眠理論中，佔有著重要的地位。

# 催眠就是喚醒潛意識嗎？

關於潛意識，佛洛伊德有一個十分形象的比喻，人的心靈即意識組成，彷彿一座冰山，露出水面的只是其中一小部分，代表意識，而埋藏在水面之下的絕大部分則是潛意識，人的言行舉止，只有少部分由意識掌控，其他大部分都由潛意識主宰。

意識是指我們理性行為的精神活動，包括邏輯、分析、計畫、計算等。而潛意識的功能有：控制基本生理功能（心跳、呼吸）、記憶、情緒反應、習慣性行為，創造夢境、直覺。這些，還只是科學家們目前可以發現到的功能。臨床催眠學認為，潛意識有六大功能：本能、記憶、習慣、情緒、能量、想像力。

## 一、本能

如對高血壓患者進行催眠，給予看到紅點就會減緩心跳、血壓降低等催眠後暗示。當患者清醒後，看到紅點就會有如此反應。而在深度催眠中，給予止痛暗示可以確實止痛麻醉。曾有實驗給予被催眠者被火燒與被冰凍的暗示，而在被催眠者皮膚上確實出現燙傷與凍傷的痕跡。

### 二、記憶

在深度催眠實驗中，可以給予被催眠者忘記自己的名字或生日，而被催眠者會回想不起來自己的名字或生日。而給予回溯的引導，被催眠者可以回想起同年中早已遺忘的事情。著名的案例是來自知名精神科醫師密爾頓・艾瑞克森，他幫一位被催眠者催眠，被催眠者竟然回想起二十五年前看過的一本書中的內容，還能準確地說出其頁數。

### 三、習慣

我們會有意識地學習某些行為，當熟練到某種程度就會進入潛意識中，成為一種習慣反應。如騎自行車，剛開始時可能會注意控制把手與腳踏，但當熟練到某種程度就會自然而然地反應，不再需要意識的控制。同樣的，不良習慣也來自於此，如抽菸、襪子亂丟等也是如此。

### 四、情緒

情緒的反應非常快速，且能自由控制，這是屬於非理性的部分。情緒可說是一種資訊，將心智的信號傳達出來以便做出反應。有位女士非常怕狗，原因是幼年時被狗咬過。因此，她看到狗時內在就會立刻傳出恐懼的信號，以避免她再度受到傷害。

### 五、能量

一般認為人的身體內有一種無形的能量運作，如中國所

說的氣。而德國醫師威爾漢‧瑞克早年與佛洛伊德學習心理分析,而後研究人類身體與心智的運作。他認為人的身體中有一種電磁能,稱為生物能,此種能量會影響人的心靈與身體機能,而開啟了後代生物能分析學派的大門。透過催眠,可進行此種能量的調節,進行身心治療。

**六、想像力**

想像力比知識更有力量!想像力並非理智邏輯所能瞭解的,屬於潛意識的範圍。小說、電影、戲劇等,雖然閱讀者或觀眾並非親身接觸,仍然能受到影響,可以說是另一種催眠形態。

潛意識作用說指出,催眠現象的原理在於催眠師設法減弱了被催眠者的意識作用,使被催眠者的潛意識部分顯現出「開天窗」的狀態,並使被催眠者的潛意識由此「天窗」接納暗示。

也就是說,在催眠狀態中,被催眠者被動地接受暗示,主要是其潛意識對催眠師的暗示進行感應,所以沒有自覺性與自主性,完全聽從於催眠師的命令。若在清醒狀態,意識作用占主導地位,潛意識被壓抑下去,則不再感應暗示。

潛意識作用說還指出,加強潛意識作用,減弱意識的作用,使被催眠者處於易接受暗示狀態的一種最好辦法是「節奏刺激」。

　　所謂「節奏刺激」就是指對被催眠者的眼睛、耳朵或皮膚反復做單調的刺激。這樣，會使大腦的思考力減弱，從而被催眠者產生精神倦怠、昏昏入睡的狀態。並且，這種單調枯燥的「節奏刺激」，僅僅集中於大腦的一部分，而其他部分抑制住了，使大腦的一部分產生興奮狀態，形成「天窗」狀態，這樣就容易導入催眠狀態。

# 催眠是透過聯想發生作用的嗎

　　在英格蘭，有人曾做過這樣一個有趣的實驗。在一次有許多人參加的午餐會上，聘請一個有名的廚師，這廚師做出的飯菜不說是十里飄香，也可謂有滋有味。但實驗者別出心裁地對做好的飯菜進行了「顏色加工」。

　　他將牛排製成乳白色，沙拉（西餐中的一種涼拌菜）染成發黑的藍色，把咖啡泡成混濁的土黃色，芹菜變成了並不高雅的淡紅色，牛奶弄成血紅，而豌豆則染成了黏糊糊的漆黑色。滿懷喜悅的人們本來都想大飽口福，但當這些菜餚被端上桌子時，都面對這美餐的模樣發起呆來。有的人遲疑不前，有的人怎麼也不肯就座，有的人勉強吃了幾口，噁心得直想嘔吐。

　　而另一桌的人又是怎樣的呢？同樣是這樣一桌顏色奇特的午餐，卻遇到了一些被蒙住眼睛的就餐者，這桌菜餚很快就被人們吃了個精光，而且人們意猶未盡，讚不絕口！

　　實驗者透過上述實驗證明了聯想具有很強的心理作用。看見食物的人們，由於食物那異常的顏色而產生了種種奇特的聯想：牛排形似肥肉，喝牛奶聯想到喝豬血，吃豌豆則聯

想到吞食腐臭了的魚子醬……是聯想妨礙了他們的食欲。

另一桌被蒙住眼睛的客人沒有這種異樣的聯想而仍然食欲大增。

那麼，什麼是聯想呢？聯想作用說認為，人們在思考一件事情的時候，必定會由此聯想起與此相關的其他事情，客觀事物之間的聯繫會反映在人腦中。而客觀事物之間的聯繫是多種多樣的，因而人的聯想也是多種多樣的。一般來說，聯想可分為接近聯想、類似聯想、對比聯想和因果聯想。

接近聯想就是指人在空間和時間上相接近的事物或現象所形成的聯想，如一提起星星，人就容易想起月亮；談起藍天，就極易想起白雲等，都屬接近聯想。

類似聯想是指從某些事物的特性聯想起它可以運用於別的事物的現象。盲文的創造就是類似聯想的結果。

對比聯想是指將兩種對立的現象聯繫在一起，或一事物由正面想到反面，或由反面想到正面的現象。比如，由黑容易想到白，在寒冷的冬天總想到暖融融的火。

因果聯想則是指將在現實中有因果聯繫的事物聯想在一起的心理現象。比如，我們總是說「瑞雪兆豐年」，就是由冬天的大雪聯想到明年的豐收的因果聯想。

聯想作用說認為，催眠的機制在於聯想作用。當催眠師向被催眠者暗示說，你的後背上有一隻大蟑螂，被催眠者因

為聯想作用而感應這個暗示，表現出非常驚恐的表情。對於身患疾病的被催眠者，催眠師可先讓他產生愉悅的感覺，忘記痛苦，而後暗示他：「你的病已經完全好了，不要擔心，你現在就是一個健康的人。」

　　果不其然，被催眠者會因此心情愉悅，很快就痊癒了。催眠的效果取決於聯想作用的性質與強烈程度。

# 催眠完全是心理作用嗎

　　心理作用說由法國人里波首先提出，曾在催眠學界風靡一時，是影響較大的催眠理論之一。心理作用說認為，被催眠者之所以能夠在催眠狀態中感應到催眠者的種種暗示，主要是因為每個人都有心理感受性。

　　心理作用學說將人的心理感受性分為兩種：外顯感受性與內潛感受性。外顯感受性是一種表面性、顯而易見的心理感受性，這種感受性發揮作用的速度較快，但較微弱，易受個人意志的控制。

　　例如，若對一個女孩子說：「妳的臉怎麼紅了？」那女孩子聽到此話，本來如雪的皮膚就會泛出紅暈，這就是外顯感受性在暗示的驅動下發生作用。

　　在清醒狀態下，外顯感受性對暗示的感應比較少，因為在清醒狀態下的人聽到暗示後，先把暗示的內容進行一番思索，經過一系列的推理判斷之後，才決定是不是接受暗示，這一番思索就是個人意志的作用。

　　內潛感受性是一種不受個人意志所干擾的、深層的心理感受性，這種感受性發揮作用的速度相對較慢，卻相當強

烈，其感應的範圍與作用的效能也較大而且奇妙。催眠進行的時候，催眠師透過催眠術來減弱個人意志的作用，從而驅動起被催眠者的內潛感受性，這時的被催眠者心無雜念，沒有自主活動的機能，完全由內潛感受性發揮作用，此時給予暗示指令，肯定會得到被催眠者的感應，被催眠者會毫不猶豫地按照催眠師的暗示去執行，結果便出現了種種神奇的催眠現象。

因此該學說的主要觀點是：任何人的身體內部都有一種被稱為「自然傾向」的機能，但這種機能缺乏自主的力量，很容易被他人的觀念、意志、教訓、暗示等外部刺激所支配，而且只有在這種外部力量的驅動下，「自然傾向」機能才能發揮作用。

這種機能就是人的心理感受性。在催眠過程中，催眠師的暗示就是導引這種感受性使其發揮作用的原動力。

# 催眠的成功與否
# 完全在於預期的作用嗎

　　預期作用是指預先定下一個觀念、希望和意識，使其後來一一實現。如預期受術者必定能陷入催眠狀態，受催眠治療疾病，疾病必定會痊癒，果然收到預期作用的結果。

　　「預期作用說」是由德國學者麥爾首先宣導的，他認為催眠現象產生的原因在於某種預期作用。

　　社會心理學家羅森塔爾做過這樣一個小實驗。他先在小學生中進行了語言能力和推理能力的測驗，測出這批孩子之間的能力差別。隨後，所有學生中隨機抽取一部分學生，然後對老師說，這部分學生是可塑之材，幾個月後他們的成績一定會有很大的提高。

　　到了期末，他們再一次對全體小學生進行了測驗，發現那些被隨機抽取出來，貼上了「可塑之材」標籤的孩子，果真成績有了大幅的提高。

　　這一發現後來以一個歐洲的傳說命名為皮格馬利翁效應。皮格馬利翁是一個美麗的王子，有一天愛上了一尊美麗姑娘的雕像，從此以後他常常深情地注視著這尊雕像，忘記了時間和其他事情。

就這樣一天天過去了，終於有一天，雕像復活了，姑娘走下了基座，投入了王子的懷抱。

為什麼會出現皮格馬利翁效應呢？心理學家發現，預期可以透過自我暗示或他人暗示形成自我激勵或他人激勵，對激發與調動潛在的能力起到一定的作用。

小學生們被研究者貼上標籤後，老師們就會對他們形成比較高的期望，例如，當眾表揚、誇獎。

在他們犯錯誤或者成績不理想的時候，由於認定他們很有潛力，所以不理想的成績都被看成是暫時的，而不會歸因於這些孩子天生愚鈍，這樣又會對他們的失誤比較寬容，從而始終對他們抱有信心。教師在不知不覺中會對他們做出鼓勵、幫助的舉動。

如果一個社會中多數成員對自己的未來充滿信心，必然會心態積極，並將自己的心智力量指向工作，就可以不斷克服困難，勇往直前，最終實現自己預期的目標。

預期作用說認為，催眠的成功與否完全取決於催眠師與被催眠者的預期作用。如果催眠師有信心並抱著必能成功的心態去給他人催眠，結果會很容易成功；如果被催眠者心中有能被催眠的信念，結果他也很容易進入催眠狀態，如果催眠師或被催眠者沒有信心成功，那麼，成功的可靠性就不大。

預期作用說的理論極為淺顯易懂，因此，許多催眠學者

都十分贊許,尤其是該學說若被催眠師與被催眠者所共同接
受時,將大大有利於催眠的圓滿完成,可見該學說對催眠的
實際應用會產生一定的影響。

　　當然,該學說對催眠機制的解釋並不是很令人滿意的,
甚至還有些牽強附會。

# 透過催眠與夢者對話

根據理學家與科學家對人類意識的研究，人腦有百分之八十八以上的部分是屬於潛意識主導的區域，即我們每天大部分的思想與活動都是受潛意識的支配而不自知。

然而，日常生活裡，我們很難和潛意識溝通，潛意識有時會以夢、脫口而出的話語以及生理反應等形式主動與我們對話。

催眠並不是要剝奪人心理活動的能力，雖然有意識活動的水準降低，但人的潛意識活動水準反而更加活躍，這時有的受術者會有迷迷糊糊意識不清的感覺，好像只能聽到催眠師的聲音；而有的受術者覺得自己很清醒，什麼都聽得見，甚至認為自己完全沒有被催眠，這些感覺在催眠狀態下都可能會出現。

每個人的潛意識有一個堅守不移的任務，就是保護這個人。實際上，即便在催眠狀態中，人的潛意識也會像一個忠誠的衛士一樣保護自己。催眠能夠與潛意識更好地溝通，但不能驅使一個人做他的潛意識不認同的事情，所以不用擔心會被控制或者暴露自己的祕密。

　　一位二十八歲的女碩士是個容易接受負面暗示影響的女生，她經常做晦澀的夢，讓她一直心神不寧，感覺人生渺茫、毫無希望之時，她接受了催眠治療。催眠師首先打破她自以為是的主觀，突破她的心理防線，讓她意識到催眠師是值得信任且能夠幫助她的。在催眠中，透過搭乘電梯深入法，引導她進入發生問題的當下，她講出了潛意識中一直壓抑的故事。

　　有一次她和母親去普濟寺還願，出來時被一個聲稱來自佛教聖地九華山的中年婦女拉住，中年婦女告訴她，她會在三十五歲左右離婚，如果不離婚，她或她丈夫就會有一人死亡，若想化解，需立刻去九華山捐香火錢，祈求地藏王菩薩的保佑，免去災禍。

　　回家後，只要一想起這個婦女的話，她就會信以為真，直到痛哭流涕，而且已經影響了正常的生活工作。

　　原來，她一直有處女情結，雖然與以前交往的男友有性生活，卻始終不真正性交，保持著處女身，致使以前的男友最終離她而去。目前不能找到如意男友的憂慮與困惑，和對美好婚後生活的憧憬，以及被悲慘的暗示所困擾，所有問題都凝結在一起，造成了她的悲觀和信心喪失。

　　在催眠治療中，催眠師首先引導她作為一個旁觀者，觀看她母女二人所發生的一切，並給出恰當的評論，結果她

說：「那母女二人很傻，為什麼聽信路人的說法，明擺著是藉此騙錢的，不用相信。」她說此話時，已不再傷悲，轉而略帶正義感和憤怒。於是，催眠師再次採用倒帶回演的方法，讓她回到當下情景，再次遇到這個算命的中年婦女，問她：「該如何應對？」結果，她居然很清楚地說到：「你們這些人是騙人的，來騙錢的，快走開，不然，我叫員警抓你們！」結果，那個算命的中年婦女轉身就跑，非常狼狽。

考慮到她非常容易接受負面暗示，催眠師決定再導演一場戲，堅固她的信念，遂透過時光隧道，將她和她媽媽帶到了未來某一天，她們剛從大商場購物出來，碰到了一個看似頗具智慧的老人（男性），幫她們算未來，結果，在催眠中，她很自信地迎上去說：「不管你說什麼，我都不會信的，你們無非是想騙錢，卻不顧別人死活，用負面資訊刺激欺騙別人，達到斂取不義之財的目的，實在是太可惡了，快走開！不然，我叫員警了。」結果，老者灰溜溜地走掉了，母女兩人開心大笑。催眠結束後，她感到由衷的快樂，因為她的內心已經徹底擺脫了長久以來潛意識中隱藏的痛苦。

催眠是進入潛意識的一把鑰匙。在催眠狀態下，人的注意力高度集中，因此可以將潛意識的儲存庫打開，直接與潛意識對話，有效輸入正面指令，迅速找出問題的根源。當一個人與自己的感覺進行溝通，或者正在做內心思想工作，便

是處在一定程度的催眠狀態了，在此狀態下，人的意識進入
一種相對削弱的狀態，潛意識開始活躍，因此其心理活動，
包括感覺、情感、思維、意志和行為等心理活動都和催眠師
的言行保持密切的感應聯繫，就像海綿一樣能充分汲取催眠
師的指令，潛意識活動在催眠師的引導和幫助下發揮積極的
作用。

　　在清醒的時刻，一些簡單的道理人們都知道，卻無法自
我解脫於是產生晦澀的夢境，催眠將其拉回到問題的當下，
重新審視，並當場進行解決和處理，從而剷除潛意識中痛苦
的根源。

# Chapter4
# 關於感覺、視覺的夢
SURREAL DREAM: THROW OVER ALL THE LOGIC

# 夢見疼痛代表什麼

夢見疼痛一般是好的兆頭。

夢見眼睛疼會成為辦公室或工廠的負責人。

夢見肚子疼災禍要臨頭。

孕婦夢見肚子疼分娩時要出問題。

已婚女人夢見肚子疼將會懷孕。

囚犯夢見胸口疼將會被加刑。

夢見後背疼將會身居要職

夢見膝蓋或腿疼，或者腎臟疼痛不久的將來要出國訪問，能發大財。

夢見全身疼痛家人之間會產生隔閡。

旅行者夢見頭疼可能會迷路，很難到達目的地。

病人夢見全身疼痛所享受的醫護治療，不久會中止。

# 夢見饑餓代表什麼

饑餓是一種缺乏。

夢見自己饑餓，就意味著心靈上的缺乏，得不到平靜、幸福和滿足，要遭厄運。

夢見自己被餓死會一貧如洗。

夢見饑荒結束，會前途光明，充滿希望。

夢見別人饑腸轆轆，是祥兆。

夢見最初挨餓，後來食物充裕，考試能得好分數。

夢見妻子和孩子挨餓，不久要被辭退。

夢見很多人沿門乞討，居處要遭饑荒。

夢見向饑民發放食物，是好兆頭。

病人夢見饑餓難忍，身體會很快康復。

夢見人沿街乞討，住宅要遭饑荒。

# 夢見乾渴代表什麼

夢見乾渴是噩耗的徵兆，暗示紛爭與流血，也可能是船沉或家庭爭吵和離異。

# 夢見苦味代表什麼

夢見藥的苦味，表明要學會接納別人的意見。

夢見其他的苦味，表明夢者心中存在著苦惱之事，需要找個朋友訴說。

# 夢見辣味代表什麼

夢見辣椒的辣味，表明夢者是急脾氣。

夢見辛辣之味，提醒做事要三思而行。

夢見食物辣得受不了，覺得身邊的人對自己好的有些過頭。

夢見蒜的辣味，意味著不會也不喜歡社會交際。

# 夢見香味代表什麼

夢見聞到植物的香味，表示會身體無恙。

女人夢見從丈夫身上聞到香味，預示會生活美滿和諧。

男性夢見撲鼻的異香，表示可能會被壞女人操控。

女性夢見特別的香味，警示夢者不可輕易投入感情。

夢中嗅到的味道令人不快，預示警示某件事或人。

# 夢見酸味代表什麼

夢見自己喜歡的酸味，表明夢者身體不受疾病困擾。

男性夢見不喜歡的酸味，提醒夢者別承諾什麼。

女性夢見不喜歡的酸味，提示夢者別動不動就吃醋。

# 夢見臭味代表什麼

夢見自己身處在一個環境中臭氣熏天，預示著身上會有不幸的事情發生。夢見自己身體散發出臭氣，預示著會有疾病出現在自己身上。

# 夢見五顏六色代表什麼

少男少女夢見五顏六色，意味著自己的世界快樂無憂。

成熟之人夢見五顏六色，預示著夢者生活不枯燥。

夢見天上飄著五顏六色的雲彩，預示著夢者將要事業順利，財源廣進。

# 夢見黑色代表什麼

夢中出現黑色，表明夢者工作和情感會不順。夢見一個黑衣女子與自己相愛，表示夢者沒有遇到自己的意中人。

# 夢見白色代表什麼

夢見自己的白衣服被沾上污點，意味著夢者會受到別人的詆毀。

男子夢見白色的手絹，表示夢者會和一位單純的女孩相戀。

未婚男女夢見白色，預示著會結婚。

已婚男女夢見白色，表示會一輩子相守在一起。

# 夢見藍色代表什麼

夢見藍色的天空，預示著夢者理想遠大。

夢見藍色的海洋，意味著夢者寬容、達觀。

夢見其他的藍色，表明夢者會有貴人相助。

女性夢見藍衣服，表示希望得到愛人的呵護。

女性夢見一個穿藍衣服的人親吻自己，表示夢者對父親的依戀。

# 夢見黃色代表什麼

男性夢見黃色，預示著地位會得到提升，越來越被肯定。

女性夢見黃色，意味著有實權。

夢見黃色的房子，意味著夢者會往更高層次發展。

# 夢見綠色代表什麼

夢見翠綠色，表示夢者充滿熱情、活力。

夢見深綠色，意味著事業順利。

# 夢見紫色代表什麼

男性夢見紫色，表明會交際。

女性夢見紫色，表明會成為一個優雅有氣質的女人。

夢見紫色的花，預示夢者會在自己的愛好裡做一番成就。

# 夢見紅色代表什麼

男性夢見紅色，預示著收入會增加。

女性夢見紅色，意味著會受到異性狂熱追求。

# 夢見粉紅色代表什麼

夢見粉紅色的牆壁，預示著不會處理兩性關係。

夢見粉紅色的被子，意味著夢者很快會結婚。

已婚男性夢見粉紅色，表明異性緣好，或有豔福。

已婚女性夢見粉紅色，表明可能會外遇。

**Chapter5**

# 關於自然現象的夢·

SURREAL DREAM: THROW OVER ALL THE LOGIC

# 夢見天空代表什麼

　　夢見天馬在天空飛奔，表示將萬事如意。當然，愛情方面也將很順利。兩人的心將更緊密地連在一起。

　　夢見天空陰暗，表示追求變化的心漸趨強烈，無法使心靜下來，也許會搞出新花樣。但輕舉妄動總是不好，一定要三思而後行。

　　夢見晴空萬里，表明愛情會有進展，可以期待一場快樂的約會。最好選擇公園、海邊、野外等地為約會場所。

　　夢見吊在氣球上升到天空，預示可能會發生交通事故，上下樓梯、橫穿馬路時要特別小心。如果騎車或開車，那就得更加小心。

　　夢見自己在天空中浮游，表明運勢衰微。尤其健康方面可能出現問題，有小病沒有治好而變成大病的趨向。

　　夢見拿著的錢飄在天空裡，表示財運轉壞，將會為意外的支出而煩惱，遇扒遇搶的可能性很大。要特別小心喔！

　　夢見爬上樓梯望天空，暗示財運大展，會從始料未及的地方來一筆意外的收入。

　　夢見從天上跌下來，表明將有不順心的事情發生。

# 夢見宇宙代表什麼

夢見宇宙是與前世記憶有關的。

夢見坐在宇宙船上，暗示朋友之間將有誤會。由於不經意說出的一句話被誤解，很可能受到親友的指責。但只要努力把誤會解釋清楚，便不難得到友情。

夢見乘坐宇宙船到達未知，小心不要引火自焚。這時很容做出越軌的事。要用理智戰勝衝動，不可屈服於性的誘惑。

夢見宇宙戰爭，情敵出現的可能性很大，但最後的勝利是屬於你的。

# 夢見雲代表什麼

夢見雲彩，是厄兆。

夢見雲彩被風吹散，天空晴朗，災難會很快消除，並一去不復返。

夢見太陽附近有雲彩，是吉兆，意味著在貴人的幫助下能擺脫困境。

夢見白雲，自己和鄰居的莊稼會獲豐收。

夢見彩雲，鄰居會發生流血事件，或敵人侵犯國土。

夢見在雲彩裡飛翔，會成為居處的領袖。

商人夢見彩雲，預示生意會失敗，會損失一筆財富。

懷孕了的女人夢見彩雲在自己的屋子上空，是吉兆，會生一個健康漂亮的小男孩。

男人夢見雲彩，預示會降職，事業會受阻。學生夢見彩雲，考試會考出好成績；如若夢見的是烏雲，則預示考試會不順。

老人夢見彩雲頭上飄，是吉兆，預示身體健康。夢見的是烏雲，則相反。

夢見坐在雲上，愛情進展良好。

夢見雲破而陽光照耀，在人際關係上有轉機。

夢見雲以極快的速度流動，「風雲告急」，將有家人受傷或患急病的危險。但對你本身卻沒有絲毫影響。

夢見高山聳立在雲上，技能方面有進步。

夢見天空忽然烏雲密佈，在健康方面有陰影。

夢見在平原上烏雲湧起，自我主張太強烈的徵候。

夢見紫色的雲，表示夢者將生活在別人的壓力之下，很難有出頭之日。

如果夢境中出現烏雲密佈，暴風雨降臨，則預示著夢者內心的擔憂，在潛意識中對財產損失、工作受阻和人際關係受挫有預感。

夢境中如果是龍捲風，預示生活將發生突變，會面臨巨大的「災禍」，解夢師要及時告訴夢者，在思想充分準備的基礎上，及時調節心理狀態。

# 夢見彩虹代表什麼

　　夢見出現兩條彩虹，表示在交際上將有情敵出現。再不振作起來，也許你的情人會被搶走。

　　夢見彩虹掛在原野上，表示財務上有些不妥。錢包太鬆，容易浪費，注意不要有衝動性的購買行為。

　　夢見七色不全的彩虹，將有不快的事情發生，尤其人際關係已亮起紅燈。一向不合的人，最好要敬而遠之。

　　夢見七彩齊全的彩虹，所有的事都能如意。如有意中人而不敢表達情意，這時可以大膽告訴他（她），一定沒有問題。

　　夢見彩虹與太陽同時出現，表明財運轉好，將有充足的零用錢。

# 夢見太陽代表什麼

夢見太陽是比較常見的，但是夢中的太陽在天空的位置和狀態不同，表達的象徵意義也不同。

如果是旭日東昇，預示夢者的生命力旺盛，生活、學習、工作將會一帆風順，事業欣欣向榮。

如果夢境中是烈日炎炎，表示夢者創業的時機成熟，已經獲得極大的滿足，但是此夢境提示要關注自己的軀體內部的變化，如是否存在發燒、口渴、高熱等疾病的先兆。

夢境為日落，太陽西下，說明生命和財產已達到了頂峰，並開始衰落，所謂「夕陽無限好，只是近黃昏」，是對那些自我狀態感覺過分良好的人的一種警告，不要過分自我陶醉。對於那些心身健康狀態不好的人，夢境是一種真實現狀的寫照。

如果陽光透過雲層出現，可謂撥開烏雲見太陽，說明夢者遭遇到麻煩和困難，但是終究會迎刃而解。

夢見雲中射出薄陽，是在愛情方面亮紅燈的徵兆。約會時要注意服飾和言談，兩人有可能為芝麻小事而翻臉。

夢見旭日東昇，一定有好事等著你，在愛情方面，也許

你會愛上某一個同學。

夢見雲遮太陽，表示在健康方面出現紅色信號，過度勞累引起發燒而非躺下不可的可能性較大。在社交活動等方面不要逞強。

夢見陽光刺眼，是運勢下降的象徵。可能會發生為小事和好友鬧翻，或把塞滿的錢包遺失等事情，容易引發傷心事。

夢見陽光由窗戶照進，表明讀書運轉好。對原來不喜歡的功課將開始覺得有興趣，對學校生活也會發生興趣。

夢見太陽在雨中照耀，是發生錢財糾紛的預兆，可能因借錢和好友起爭執。小心不要演出錢盡緣也盡的悲劇。

夢見夕陽下沉，是雨過天晴的好兆頭。把定期車票弄丟，正覺得心裡難過時，有人把它送回來，於是兩人開始……這類事情將會發生。

在夢中太陽變為藍顏色，並且一會兒功夫又會變成多角形的太陽，使人感到奇怪和百思不得其解，一會兒又變成日食，這樣的夢境表達、預示著有一場風暴和危險，但是只要有充分準備，災難會很快過去。從中國傳統觀念來看，日食是「天狗食日」，預兆災禍，是原始人類對不能控制天體變化的恐懼。

# 夢見月亮代表什麼

　　夢見滿月在半空中大放光彩，表示萬事如意。尤其在愛情方面，將不會有爭執和吵架等情形發生，可度過一段甜蜜的日子。

　　夢見月亮照在身上，預示著健康方面亮紅燈。尤須注意呼吸系統的疾病，如傷風、扁桃腺發炎等。

　　夢見白天有月亮，表示將有倒楣事發生，也許會被人敲竹槓，或被醉鬼糾纏等，最好儘量少出門，在家裡過安靜的日子吧！

　　夢見月亮倒映在水面，是休閒活動增多的象徵。與其在咖啡店、遊樂場所閒逛，不如到戶外去，一定有好事等著你。

　　夢見月亮西下，暗示愛情方面將產生重大危機，搞不好愛情會破裂，至少也有長期分離的可能。最重要的是要多替對方想想。

　　夢見弧形月亮高掛天空，表明愛情將停滯。可能會有這類事情發生，即使在約會，也無話可談，場面尷尬……

　　夢見月亮由山後升起，暗示朋友運好轉，困難時可獲得

援助。比如口袋空空，連喝杯飲料的錢都沒有時，將會有朋友請客。

夢見月光由窗戶照進，表明愛情方面將有新的發展。如果目前沒有異性朋友，將會與身邊的人產生感情。自己好好想想吧！

# 夢見星星代表什麼

夢見一顆星閃爍發亮，表示幾年來的願望將得以實現。不過，這個夢絕對不可告訴別人，若得意洋洋地告訴別人，幸運將消失。

夢見發亮的星星忽然消失，表示身體方面可能會出問題。上體育課時受傷，或出門時發生交通事故等，凡事都要小心。

# 夢見季節變化代表什麼

夢者在夢境中明確地體驗到季節和月份的變化，這些變化與人的心境、生活狀況和身體狀態密切相關。

# 夢見彗星代表什麼

夢見騎在彗星上，可以期待意想不到的樂事，你的心情將因此而非常快樂。

# 夢見流星代表什麼

夢見流星，愛情停滯的可能性很大。也許對方的心已向著第三者，或為了小事，兩人的心已背道而馳。尤其在夢見流星群時，這種可能性更大。

# 夢見北斗七星代表什麼

夢見北斗七星，表示幸運即將來臨，對於單身的人而言，將會開始一段熱絡的愛情。而一直運勢不順的人，不久也會排除困難，出現明亮的曙光。

# 夢見風代表什麼

夢見畫面上出現地震或颱風的話，表示你的工作將有變動，或是情人將被調至外地工作。

# 夢見颶風代表什麼

夢見颶風表示重新建設的願望,可能指你或你的同事橫衝直撞,想把造成阻礙的人或事情掃除掉。

# 夢見雷代表什麼

商人夢見雷聲大作,生意會很興隆。

病人夢見大雨、雷聲轟鳴,預示著病情不日就將好轉。

犯人夢見暴雨雷鳴,預示著很快就會被釋放。

已婚女子夢見暴雨雷鳴,對自己愛人的疼愛會加深很多。

未婚女子夢見大雨、雷聲轟鳴,會幸福的嫁入豪門。

# 夢見閃電代表什麼

男性病人夢見打雷閃電，病情很快就會好轉。

夢見雷電過後，四周一片漆黑，意味著壞事將要來臨，這壞事也可能牽涉到自己的至親。

學生夢見雷打電閃，學習成績會名列前茅。

少女夢見打雷閃電是吉兆，會與一個豪門公子成婚。

夢見不時閃電，看不清道路，只好摸黑走路，意味著會透過自己的努力清除阻礙取得成功。夢見差一點兒被雷電擊傷，表示是可以躲過不幸的事情的。

夢見外出時，晴天打雷，意味著工作不順，只能受雇於人。

# 夢見龍捲風代表什麼

　　夢見吹起龍捲風，是雨過天晴的象徵，有可能找回遺失的東西，或沉浸在失戀的痛苦時，出現了安慰你的異性。總之，不要氣餒，要打起精神。

# 夢見霧代表什麼

　　夢見迷霧籠罩著瀑布，意味著有一個心願未了，但經過努力，不久將實現。

# 夢見冰代表什麼

夢見從冰窟窿裡掉下去，表示感情上將有突破，雖然這種方式讓你不舒服。

夢見冰山，提醒你對某些問題要深入分析。

未婚女子夢見冰，意味著自己的伴侶會忠於自己疼愛自己。

未婚男子夢見冰，意味著女友一輩子會跟自己在一起，不會有出軌行為。

女人夢見冰，自己的愛人會勤奮努力的工作，全家的日子會一天比一天好。

學生夢見冰，意味著老師會給夢者方便，學習會變的優秀起來。

商人夢見冰，事業順心順意，財源廣進。

# 夢見雪代表什麼

　　夢見在冰凍的雪路上滑倒，表示在行為方面可能會有異常，也許會把飯盒打翻，在眾目睽睽之下出洋相。

　　夢見在雪地上翻滾遊戲，表明愛情有轉機。與情人之間的關係雖然一度冷淡，但那也只是短期性的，愛情很快就會復活。如果夢中有雪人出現，兩人的愛情更趨向穩固。

　　夢見積雪，表示將有煩惱事發生。一旦有了煩惱，將不知何去何從，最好把事情告訴老一輩人，看他們有什麼妙策。

　　夢見在積雪的森林中漫步，預示技能運良好，經常受到周圍人的欣賞。不妨參加文藝演出，可以得到熱烈喝彩。

# 夢見冰雹代表什麼

男性夢見冰雹，暗示苦難即將過去，好事即將來臨。

女性夢見冰雹，意味著苦難過後，會有位哥哥樣的人來疼愛夢者。

商人夢見下冰雹，預示生意慘澹，收入減少。

孕婦夢見被冰雹砸傷，暗示即將誕下的嬰兒會命運多舛，屢有不幸的事發生在他身上。

# 夢見風暴代表什麼

風暴在平息之前，是帶來威脅的象徵，也可能具有毀滅性。

# 夢見雷雨代表什麼

夢見雷雨大作，事業會成功。

已婚女子夢見暴雨雷鳴，會更愛自己的丈夫。

未婚女子夢見大雨、雷聲轟鳴，會嫁給有名望的人。

商人夢見雷聲大作，會發大財。

病人夢見大雨、雷聲轟鳴，身體很快會康復。

犯人夢見暴雨雷鳴，不久會出獄。

# 夢見雨過天晴代表什麼

夢見雨過天晴，一切煩惱的事都沒有了；與冷戰中的朋友也能言歸於好，兩人之間的友情將更趨深厚。

# 夢見雪崩代表什麼

夢見雪崩會得到鉅款。

夢見在覆蓋冰雪的高山上發生雪崩,可能表示你擔心遭遇雪崩,也可能是你擔心自己無法應付必須完成的工作量。

# 夢見浪潮代表什麼

夢裡如果出現可以把夢者捲走的海浪,這代表一種威懾感,可能是精神上受到打擊而造成的。這些未知的內在力量可能會沖走你的安全感。

# 夢見極光代表什麼

夢裡出現極光，可能表示一個完全出乎意料的事件即將發生，可能是讓你驚喜交加的事情。

# 夢見溪流代表什麼

夢見溪流清澈透明，意味著生活幸福美好，沒有煩惱。
夢見溪流湍急且曲折多變，意味著將有困難出現。

# 夢見雨代表什麼

夢中下著雨，要依照夢者感受降雨量的大小程度，來判定夢者心中感情的濃烈度。

夢境中是暴雨、驟雨、大雨，則表示夢者正在忍受自我無法控制的感情的支配，可能由此而變成半狂亂狀態。

夢見室外大雨滂沱，而夢者卻置身空無一人的房屋之中，無任何夥伴，這提示夢者在強烈的情感表達中迷失了自我。

同樣，適度的降雨表示的是適度的情感表達，是一種理智的自我抑制。

下雨還表達著有關性愛活動的象徵，所以中國古代的文學作品中，把男女之間的性交活動稱為雲雨之歡。

在夢境中突然落下傾盆大雨，或夢中並沒有下雨，夢者卻衣服濕透，這種異常的現象象徵著夢者不自然的性愛行為。

夢見雨中登山，表示人際關係有麻煩除了友情將產生裂痕之外，與老師、雙親、兄弟等之間感情聯繫也將不太順利，這時要以謙虛態度待人接物。

　　夢見鞋子被雨淋濕，愛情有可能停滯，約會時必須要有新鮮點子。最好避免常去情人座、咖啡座等地方。

　　夢見天花板漏雨，須注意消化系統健康小心暴飲暴食可能引起消化不良；或因食用冰箱中剩餘食物而患腸炎。

　　夢見雨中淋成落湯雞，讀書興趣減弱，討厭課堂，上課睡意越來越濃不久竟進入夢鄉，當心不要被老師發現！

　　夢見被陣雨淋濕，將有意外收穫，低額統一發票可能有中獎機會，也可以參加各項有獎徵答。

　　夢見細絲綿綿般梅雨，財運將有下降可能，支出將遠遠超過收入。這時應立即做好最節省預算。

　　夢見撐著傘雨中步行，最近將有快樂事發生。當然指異性方面本來只有點頭之交的心上人可以試著親密交往。

　　夢見與情人雨中步行，愛情容易破裂。這時要注意不可和情人吵架，會導致分離危險。

　　夢見雨水淋濕花草，「雨過天晴」所有煩惱事、傷心事將獲得圓滿解決，恢復快樂日子。與冷戰中朋友也能言歸於好，兩人之間友情將更趨深厚。

　　夢見淋著雨渡河，愛情急速發展而且對象不止一人，你將會受寵若驚來不及應付。但這種狀態將不會維持太久，要先有心理準備。

　　夢見雨中出現動物，暗示寫作靈感將至。這時寫文章將

文思泉湧，可以寫寫情書寄給意中人或向報社投稿。

病人夢見下雨，會臥床不起。

旅遊者夢見下雨，旅行會圓滿結束。

與妻子和情人分離的男人夢見下大雨，會與她們長期分離。

商人夢見下雨，生意會虧損。

農民夢見下大雨，是祥瑞，會喜獲豐收。

# 夢見暴風雨代表什麼

夢見暴風雨來臨，會得到意外的收穫。

商人夢見暴風雨，會設法推銷產品，發大財。

女人夢見狂風暴雨，家裡會遇到困難。

已婚女子夢見暴風雨來了，生活豐裕，兒女成行，丈夫的收入會巨增。

旅遊者夢見暴風雨，旅行會愉快。

未婚女子夢見暴風雨，婚姻會自主，能與有錢人結為伉儷。

未婚男子夢見暴風雨，會娶殷實之家的姑娘為妻，生活也會富裕。

病人夢見暴風雨，身體很快會康復。

# 夢見露水代表什麼

夢見朝露閃爍發亮，精神方面可以得到充實。換句話說，這一段時間應該多加思考。何謂人生、何謂愛情，對這些問題做進一步的思考，必然會有新的見解。

夢見踏著露水散步，愛情發展相當不錯。兩人心心相印，相見時總是恨時間過得太快，因此會在無形中拖延回家時間。至少兩次要有一次早一點回家才好。

夢見身體被露水沾濕，人際關係上有股暗流。尤其與討厭的科目的老師，無法建立良好關係，小心不要因此而搞得成績一落千丈啊！

# 夢見寒冷天氣代表什麼

夢境中夢者處於寒冷的天氣裡，提示夢者在做某件事情時，會遇到客觀環境的干擾，但夢者刻意要進行。由於人為原因所造成的困境，在夢中也會出現寒冷，所以寒冷是一種象徵化的表達。這種夢境還提示夢者要關注自己的身體狀況。

# 夢見日蝕代表什麼

夢見日蝕，是閃電式愛情的前兆。兩人都將一見傾心、一拍即合，你將願為此情奉獻一切。但兩人的心都在熱極之後急速冷卻下來，可以說是一場「仲夏之愛」。

女人夢見日半蝕，意味著兒子生病或丈夫的經濟來源減少。

# 夢見霜代表什麼

夢見霜落在屋頂上，朋友會增多。可能會交上新的朋友，甚至素味平生的人，也可以積極跟他交往。

夢見霜下在原野上，精神方面有問題。整日恍恍惚惚，做事也沒有勁。其原因在於熬夜，晚上看小說也要適可而止，充足的睡眠最要緊。

夢見踩著霜露漫步，會中獎，商品的附獎、百貨公司的抽獎、彩券等等各種有獎活動都可以參加。你可能連連中獎。

# 夢見月蝕代表什麼

夢見月蝕，預示主要親人，特別是家庭的女性成員要生病或死亡。

女人夢見月半蝕，已婚的女兒要歸天。

夢見出現月蝕或日蝕，天上佈滿烏雲，身陷困境時，會得到朋友的幫助。

# 夢見月夜代表什麼

　　月夜安寧靜謐，是生活愉快的象徵。夢見月夜，意味著生活如意、輕鬆。

　　如果夜空中沒有月亮，就成了困難的象徵。

　　女人夢見黑夜中沒有月亮，意味著在家庭生活中力不從心，難以討好丈夫，應該向丈夫坦率承認自己的缺點和不足，放下驕傲和虛榮。

# 夢見海市蜃樓代表什麼

　　海市蜃樓在大氣學是一種幻象，也是大氣的折射現象，代表一種短暫的模糊不清的世界。做夢也是一樣，夢見海市蜃樓說明你的情感或生活，工作上有一種困擾（模糊不清的），凡事要小心！

# 夢見水代表什麼

夢見走入水中，表示一切都會有一個新的開頭和起點。

夢見自己在潛水，意味著想釋放自己壓抑的心境。

夢見自己在水裡淹死了，代表想消除關於一些事情的記憶，這些事情曾經令夢者傷心過。

青年男子夢見一汪清澈的水，意味著會和一位美麗可愛善良的女孩相識。

# 夢見池塘代表什麼

夢見跌進池塘，你會跟人爭執，特別是生意上。

夢見在池塘或湖水中划船，抽籤運上升。如參加報紙、電視等的有獎猜謎活動，你的中獎率這時應該很高，可以踴躍參加。

# 夢見湖泊代表什麼

夢見清澈的湖水，意味著經過不懈的奮鬥終於戰勝了自己的畏懼。

夢見湖岸上碧草青青、綠樹濃蔭、碧波蕩漾，意味著要有好事發生。

遊子夢見蓄滿水的湖，預示會財源廣進。

商人夢見盛滿水的湖，預示收入會增加。

夢見湖水被污染了，意味著受到了不良資訊和理念的干擾。

夢見湖水很滿，意味著自己的生活美好，精神振奮不空虛。

夢見湖水乾涸，意味著有不好的事降臨。

男人夢見有很多水的湖泊，預示人丁興旺，事業順利。

女人夢見水多的湖泊，預示生活幸福，盡享天倫。

女人夢見在湖裡洗澡，預示會遇到真正疼愛自己的如意郎君。

# 夢見河流代表什麼

夢見河流意味著幸福、富有；表示理性與感性的界限。尤其是在性這方面，當你在慾望與罪惡感中徘徊不定時，就會夢見這種夢。

夢見河流有瀑布，說明夢者將夢想成真。

夢見清清河流在陽光下閃閃發光，意味著會一天比一天有錢。

夢見河流發洪水，並且將自己沖走，暗示會有病患纏身，平時諸事不順。

年輕的女性夢見在河裡輕舟蕩漾，暗示家庭生活幸福美滿，愛人體貼入微。

# 夢見過河代表什麼

　　河象徵著川流不息的生活，過河則意味著度過了人生中的考驗，代表順利。

　　夢見過河，一切都會順利如意。

　　商人夢見過河，能夠扭虧為盈。

　　女人夢見過河，會生男孩。

　　在夢中你是持木過河的話，你還會升職加薪。

　　夢見和妻子乘木筏過河，家庭生活美滿。

# 夢見洪水代表什麼

商人若夢見洪水氾濫，預示著生意上可能會有損失。

普通人夢見洪水，預示婚姻上會出現不愉快，或是身體會出現疾病。

夢見自己掉在洪水裡，意味著情感上會出現困惑。

夢到潺潺河流水，意味著快樂。

夢見河流有瀑布，說明可實現自己的願望，工作、學習和生活順利。

夢見河流水勢湍急，意味著因有麻煩的事情而焦慮不安。

年輕的女性夢見清澈的溪水或泉水，象徵著生活將很美滿，丈夫會很體貼。

夢見水流湍急的江河水，意味著疾病與損失。

夢見黑黝黝的河水，意味著周圍的朋友不真誠，愛情也不快樂。

#  夢見溫泉代表什麼

溫泉主健康。

溫泉有治療疾病的功能，象徵著人的健康。

夢見溫泉，意味著身體健康。

夢見自己在溫泉中洗澡，則意味著害怕疾病，希望把疾病洗掉，而實際上這種害怕的心態，反而會為自己招來病痛。

已婚女子夢見在溫泉中洗澡，意味著生男孩，而且孩子漂亮、健康。

# 夢見海灣代表什麼

如果是在海灣欣賞海景，則是最近有旅行的可能。

如果是風浪大作的海灣，則你在最近一段時間內將要入不敷出。

如果風平浪靜的海灣，你將在社會上獲得成功。

# 夢見瀑布代表什麼

夢見飛流直下的瀑布，意味著財源廣進，工作上有可能得到提升。

夢見瀑布平緩而流，意味著不愁吃穿。

夢見瀑布在迷霧之中，意味著經過奮鬥，會完成心中積蓄已久的一個夢想。

夢見自己在瀑布裡全身濕透，意味著即將撥雲見日，明白怎麼去做事情。

# 夢見漩渦代表什麼

夢見漩渦，意味著工作會有所不順。

夢見身體正處於漩渦之中，表明身邊出現壞人或圖謀不軌的人。

夢見漩渦把親戚或朋友捲走了，意味著將有壞事降臨到至親身上。

# 夢見潮汐代表什麼

夢見漲潮，意味會有新的機會來到你身邊。

夢見退潮，意味著有點思想老舊，只是想安於現狀。

夢見潮漲潮落得很大，表明事業發展極其順利，很快就會有回報。

夢見撲面而來的潮水，意味著收入將增加。

# 夢見運河代表什麼

夢見自己慢悠悠地在運河裡划船，預示著感情沉悶痛苦，希望舒緩心境。

夢見運河上船多而有序，色彩鮮豔，預示著夢者的經濟生活良好，生活幸福。

夢見運河水混濁不堪，水淺難以行舟，意味著最近一段時間收入不是很可觀。

# 夢見噴泉代表什麼

夢中的噴泉，代表著金錢和不平淡。

夢見噴泉，表示自信開朗，生活幸福美滿。

夢見清澈透亮的噴泉，表示總能熱情激揚的面對生活，對愛情忠誠。

商人夢見噴泉，表示事業順利。

# 夢見水庫代表什麼

　　男人夢見在水庫裡潛水，身體素質會很好。

　　女人夢見在水庫裡潛水，意味著快要成媽媽了。

　　男人夢見大水庫，預示著會發財。

　　女人夢見大水庫，預示著家庭生活會幸福美滿，夫妻相敬如賓。

　　商人夢見大水庫，肯定會有好消息。

　　夢見往水庫裡放水，有不好的事情要發生。

　　夢見乾涸的水庫，會疾病纏身。

　　夢見水庫裡盛滿牛奶，人丁興旺，兒女懂事孝順。

# 夢見水缸代表什麼

水缸主幸福。水缸優雅美觀,象徵家庭關係圓滿和諧。
夢見裝滿水的水缸,意味著全家和睦,相敬如賓。

夢見空水缸,則意味著和睦只是表面的假像,彼此勾心
鬥角,將會因此而遇到災難。

夢見水缸破裂,意味著災難會出現,打破全家的和諧,
這個夢通常被解釋為孩子夭折,夫妻彼此埋怨,反目成仇。

夢見水缸裡裝滿牛奶,意味著家裡要辦婚事。

夢見好大一口水缸,裡面裝滿清水,但是底下裂了縫,
漏水,夢中用手去按住補救,但仍然漏水。周易上講:清水
為財,洪水為災,若夢見水缸裡是清水,則將有喜事,但就
看你能不能把握住,能不能讓他不漏水了。

若夢見水缸是洪水,則近期要多加小心,為人處事,安
全也要注意。

# 夢見大海代表什麼

夢見自己大口大口地喝海水，暗示經過一場激烈的競爭後，你會夢想成真，擁有榮華富貴。夢見自己向著大海中的島嶼遊去，暗示一切問題都將迎刃而解。如果你是學生，會學習優異；如果你是上班族，會事業順利，會晉升。

夢見在平靜的海邊散步，表示夢者對自己的現在的生活和工作狀態心滿意足。

夢見大風浪，暗示事業有可能不順，感情上的事也要經受考驗。

夢見眼前出現一片寧靜而一望無際的大海，暗示事業會順利，會獲得豐厚回報。

夢見海底清澈可見，暗示做事不要衝動，要考慮好再行事，這樣會能成功。

夢見火焰從海面沖天而上，這是非常利好的徵兆，夢者定會成功富貴。

## Chapter6
# 關於宗教、鬼神的夢
SURREAL DREAM: THROW OVER ALL THE LOGIC

超現實夢境

Surreal **Dream** : Throw Over All The Logic

# 夢見未來代表什麼

　　每個人都希望有一個美好的未來，但是要靠努力與奮鬥去取得。夢中夢見社會的未來高樓林立，彩橋高架，呈現出一派繁榮富強的景象，讓人感到歡欣與鼓舞。

　　未來的夢，代表的是成就與幸福。

　　男性夢見未來，表明你是一位事業型的男性。這個夢意味著你在未來的歲月裡會取得一定的成就。

　　女性夢見未來，表明你是一名很有頭腦的女性。這個夢預示著你將來的生活很富足也很幸福。

# 夢見黑暗代表什麼

夢見黑暗，是在提醒你不要迷失你自己。

夢見黑暗，還表明你存在著過於沉重、過於壓抑的心理。

男性夢見黑暗，表明對前途感到渺茫，不知所措。

女性夢見黑暗，表明對生活失去了信心，一片茫然。

# 夢見仙境代表什麼

仙境的夢，是工作環境與溫馨家庭的象徵。

夢中出現仙境，表明你心中希望過著無憂無慮的生活。

男性夢見仙境，預示著你的工作環境會得到改善。

女性夢見仙境，意味著妳的生活會溫馨幸福。

# 夢見神像代表什麼

夢見神像,意味著將走好運,生活將變得幸福。

已婚女子夢見神像,暗示家庭幸福,丈夫會財源廣進。

夢見神像被毀壞,則意味著大難臨頭。

# 夢見壁龕代表什麼

夢見空壁龕,會威信掃地。

夢見裝滿貴重物品的壁龕,會名聲大噪。

女人夢見自己正在清理壁龕,家裡要生兒子。

夢見壁龕裡供著神像,會成為虔誠的教徒。

# 夢見供品代表什麼

有孩子的女人夢見向神獻供品，說明孩子身體無病，生活美滿。

未婚男女夢見向神獻供品，預示要拜堂成親。

夢見和妻子一塊向神獻供品，說明生活幸福，家庭美滿。

處於生育年齡的女人夢見向神獻供品，會生一個漂亮的兒子。

病人夢見向神供奉祭品，會馬上康復。

商人和商店老闆夢見向神像獻供品，會財源廣進。

# 夢見祕密代表什麼

　　夢見把祕密告訴他人，意味著在人際交往中沒有把握好適當的距離，和對方太過親近，並會因此而產生煩惱。

　　男人夢見把祕密告訴他人，意味著自己將會樹敵。

　　女人夢見把祕密告訴他人，意味著和自己的丈夫不能說心裡話，夫妻間將出現隔閡。

　　未婚男女夢見把祕密告訴別人，意味著和戀人缺乏信任，可能無法走到一起。

　　商人夢見把祕密告訴別人，意味著自己將被競爭對手打垮。

　　夢見打聽妻子的祕密，意味著家裡將會發生爭吵。

　　夢見調查別人的祕密，則會遇到損失和災難。

# 夢見廟宇代表什麼

夢見廟有人會助你解疑難，令你工作順利。

男人夢見寺廟，國家可能要發生暴亂。

女人夢見廟宇，丈夫家的人可能會四分五裂。

病人夢見寺廟，病情會加重。

夢見自己進入寺廟，一切努力都會化為泡影。

孕婦夢見進入廟宇，胎兒會有問題。

商人夢見進入寺廟，生意會大虧損。

夢見別人進了寺廟，一切困難都會過去。

夢見妻子進了廟宇，夫妻生活和諧、幸福。

夢見敵人跨入廟門，自己能降服他們。

夢見自己進了廟宇或坐在廟宇裡，這是成功或成親的吉兆。

# 夢見碑代表什麼

　　夢中出現的碑文表示夢者應該瞭解的重要資訊。在夢中讀懂了石碑上的文字，表示夢者已經知道了一些重要的內容；夢者如果未能看懂碑文，說明他所做的準備尚不充分，必須投入更多的精力。

　　刻在岩石上的文字象徵古老的知識或智慧。夢見沙地上的文字說明這種知識並不牢固或者表示它很快就能被學會。

　　夢中出現碑文通常表示夢者已經達到了某個境界或層次。碑文在精神層面上表示可以被傳授和學習的知識。

# 夢見聖壇代表什麼

夢見聖壇冷冷清清，預示著夢者工作順心順意。

夢見自己身體的某個部位被擺在聖壇上，預示著夢者相應部位可能受到疾病折磨。

# 夢見寺院代表什麼

夢見安靜肅穆的寺院，意味著平淡恬靜的日子。

夢見金碧輝煌的寺院，預示著工作順利。

夢見朦朦朧朧的寺院，隱喻短暫的困難。

# 夢見天宮圖代表什麼

夢見自己的天宮圖大難臨頭。

夢見別人的天宮圖，生意會發生好的轉機。

夢見寫新的天宮圖，家裡要生孩子。

女人夢見星占家問長問短，預示不能生兒生女，丈夫患重病。

# 夢見舍利子代表什麼

舍利子是佛教聖物，象徵著安靜、寧和。

夢見舍利子，是生活順利、身體健康、家庭幸福的祥兆。

女人夢見舍利子，夫妻感情會更加甜蜜。

病人夢見舍利子，身體會很快痊癒。

# 夢見出家人代表什麼

男人夢見女出家人，無數的災難會臨頭。

女人夢見與出家人交談，丈夫家的人能和睦相處，生活愉快。

少女夢見與女出家人發生爭吵，是凶兆，親人會受辱。

# 夢見佛珠代表什麼

夢見佛珠，預言你的上司開始注意你，可能打算提拔你。

夢見數佛珠，意味著會有歡樂和滿足的事情來臨。

夢見把佛珠串起來，表示會得到豐富的錢財。

夢見佛珠撒滿地，表示在朋友群中，你的名譽會有損失。

# 夢見神仙代表什麼

　　商人夢見與神仙在一起，意味著事業順利，財源廣進。

　　男性夢見神仙向自己走來，預示著朋友緣好，會與更多人相識相知。

　　女性夢見神仙向自己走來，意味著會有富貴人扶持。

　　夢見神仙與自己擦肩而過，意味著事業不順。

# 夢見財神代表什麼

　　夢見財神爺，意味著自己最近資金比較緊張。

　　男人夢見財神，意味著會有財務危機。

　　夢見五路財神，此為執掌財帛之神，夢之主時運達通，轉困為亨，乃大吉之兆也，能虔祀之，無不如志。

# 夢見仙女代表什麼

男人夢見仙女，預示運氣轉好。

夢見仙女對自己使眼色，意味著自己的太太會是個有錢人家的女子。

夢見仙女和自己談話，意味著夢者越來越被社會認可。

少女夢見仙女，意味著很快會出嫁。

夢見仙女奏樂，意味著夢者將為孩子辦喜事。

夢見仙女全身赤裸，意味著夢者縱情性愛，不能自拔。

# 夢見閻王代表什麼

夢見閻王，主陽數將盡，故見諸夢寐，不論男女老少，夢之俱大不祥。

# 夢見菩薩代表什麼

　　火相（白羊、獅子、射手座）星座的人夢見菩薩笑了，意味著遇到了困難。

　　土相（金牛、處女、摩羯座）星座的人夢見菩薩笑了，意味著至親會生病。

　　風相（雙子、天秤、水瓶座）星座的人夢見菩薩笑了，意味著生活美滿，愛情甜蜜。

　　水相（巨蟹、天蠍、雙魚座）星座的人夢見菩薩笑了，意味著別人幫助，才會走出困境。

# 夢見牧師代表什麼

　　夢見牧師，暗示要防範陌生人。

　　夢見與牧師商談，提醒夢者簽訂單時要小心謹慎。

## 夢見關公代表什麼

關公象徵著忠義、正直。

夢見關公，預示著個人在友情上將會面臨困難和考驗，如果和朋友發生爭執，最好採取忍讓。

## 夢見黑白無常代表什麼

夢見黑白無常，預示著自己需要得到別人的幫助。

老人夢見黑白無常，意味著自己遇到困難需要別人的幫助。

# 夢見苦行代表什麼

　　未婚男子夢見自己苦行，會娶一位俊俏賢慧的女子為妻，溫情脈脈的妻子會在困難時期安慰自己，從不讓自己著急。

　　資本家或有錢人夢見自己苦行，收入會突然銳減，有可能背井離鄉。

　　窮人夢見苦行，生活會富裕。

　　禁欲的人夢見在苦行，會成為民族的領袖，能靠自己的聰明才智為國家或民族謀利益。

　　企業家夢見苦行，會被迫降價出售貨物，獲利甚微。

　　已婚女人夢見在贖罪，因丈夫和孩子的身體健康無疾病，所以心情會十分愉快。

　　病人夢見做懺悔，病情會惡化。

　　工作人員夢見自己在贖罪，會受到上司的誇獎，能官運亨通。

　　學生夢見做懺悔，考試會取得優異的成績，因具有非凡的才智，能獲得獎學金。

　　夢見別人懺悔，是不祥之兆，會心情煩悶，愁眉不展。

　　夢見有人在苦行時喪生，是祥兆，人生會發生好的轉

折，有可能得到藏匿的財寶。

夢見敵人懺悔，會永遠以自己為敵。

夢見朋友在苦行，危急時刻會得到陌生人的幫助。

夢見妻子在苦行，災禍會降臨。

夢見與苦行的人發生爭吵，將與強人為敵。

# 夢見天使代表什麼

夢見和天使交談，意味著苦難或不幸的事。

夢見從遠處看到天使，意味著壞事來臨，自己會承擔責任。

少女夢見天使，意味著自己的丈夫會是個有錢男人。

孕婦夢見天使，意味著自己快要出生的小孩以後會功成名就。

# 夢見祈禱代表什麼

男性夢見自己在祈禱，表明越來越得到社會的認可。

女性夢見自己在祈禱，表明全家生活幸福快樂。

夢見眾人在祈禱，表明會有大家的支持與指點。

# 夢見天堂代表什麼

夢見神祕的天堂，意味著夢者的人生會奇妙無比。

夢見自己在天堂中翱翔，意味著想探尋未知。

夢見天堂昏暗表示心情壓抑，預示夢者想立刻甩掉麻煩。

# 夢見地獄代表什麼

夢中出現地獄，表明夢者心裡的畏懼退縮感。

夢見自己處在地獄之中，表明壓力大，負擔重。

夢見別人處在地獄中，表明夢者在為好友擔驚受怕。

# 夢見上帝代表什麼

夢見上帝，表示關係到很高級別的權力。

夢見上帝和自己說話，表明夢者會不太順利。

# 夢見魔鬼代表什麼

魔鬼是仇人。魔鬼代表著凶險和仇敵。

夢見魔鬼，會遇到危險。

夢見和魔鬼打鬥，不吉祥，意味著仇人會給自己帶來損失。

夢見和魔鬼交談，意味著自己會做蠢事。

夢見魔鬼和別人談話，則意味著自己的仇敵會聯合起來，給自己大的災難。

夢中自己戰勝了魔鬼，將會功成名就。

# 夢見怪物代表什麼

夢見怪物跑到家中，表示家中將發生糾紛或將因受騙而有所損失。

夢見追趕妖怪，預示你將可以避免一場災難或一切事情都將會好轉。

夢見自己受怪物攻擊，表示生命會受到威脅。

夢見自己被怪物壓著，好運氣要來。

夢見自己被妖怪殺害，可能會生病或事業上不順利。

夢中自己戰勝了怪物，說明將會功成名就。

# i-smart

## 智學堂
智慧是學習的殿堂

★ 親愛的讀者您好，感謝您購買 <u>超現實夢境：顛覆你所認知的常理</u> 這本書！

為了提供您更好的服務品質，請務必填寫回函資料後寄回，
我們將贈送您一本好書（隨機選贈）及生日當月購書優惠，
您的意見與建議是我們不斷進步的目標，智學堂文化再一次
感謝您的支持！
想知道更多更即時的訊息，請搜尋"永續圖書粉絲團"

您也可以使用以下傳真電話或是掃描圖檔寄回本公司電子信箱，謝謝！

傳真電話：            電子信箱：
（02）8647-3660       yungjiuh@ms45.hinet.net

姓名：_____ ○先生 ○小姐 生日：_____ 電話：_____

地址：_____

E-mail：_____

購買地點（店名）：_____ 購買金額：_____

職　　業：○學生　○大眾傳播　○自由業　○資訊業　○金融業　○服務業　○教職
　　　　　○軍警　○製造業　○公職　○其他_____

教育程度：○高中以下（含高中）　○大學、專科　○研究所以上

您對本書的意見：☆內容　　　　○符合期待　○普通　○尚改進　○不符合期待
　　　　　　　　☆排版　　　　○符合期待　○普通　○尚改進　○不符合期待
　　　　　　　　☆文字閱讀　　○符合期待　○普通　○尚改進　○不符合期待
　　　　　　　　☆封面設計　　○符合期待　○普通　○尚改進　○不符合期待
　　　　　　　　☆印刷品質　　○符合期待　○普通　○尚改進　○不符合期待

您的寶貴建議：

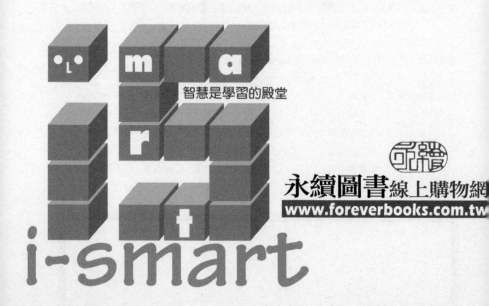